HERAUSGEGEBEN VON
Annette Johann und Fred Siemer

OSTEUROPA
EDITION UNTERWEGS

OSTEUROPA

EDITION UNTERWEGS

Mit dem Motorrad auf
traumhaften Strecken durch Osteuropa

Motor
buch
Verlag

IMPRESSUM

OSTEUROPA EDITION UNTERWEGS

Herausgeber: Annette Johann und Fred Siemer

Redaktion: Sibylle Wiebusch-Richter

Titelfoto: Josef Seitz

Foto Buchrückseite: Fred Siemer

Karten: Mairs Geographischer Verlag/Renate Maucher

Einbandgestaltung: Andreas Pflaum

ISBN 3-613-02030-0

1. Auflage 2000

Innengestaltung: phg GmbH, Frauenhoferstr. 15, 82152 Martinsried
Druck: Henkel GmbH, 70435 Stuttart
Bindung: Nething Buchbinderei, 73235 Weilheim / Teck
Printed in Germany

INHALT

EDITORIAL

EDITORIAL

Vor rund zehn Jahren öffnete sich eine Welt: Vor zehn Jahren fiel der Eiserne Vorhang. Kein Visum mehr, keine ewig langen Passkontrollen - man konnte einfach rüber über die Grenze und Nachbarn besuchen. Polen, Tschechen, Ungarn, Slowaken... Die Deutschen aus München schauten nach, wie es bei den Deutschen in Dresden aussieht, trafen sich auf einmal, wo sie wollten.
Die Mitarbeiter von MOTORRAD haben seither eine Vielzahl von Touren in die Lande östlich der Elbe und des Bayerischen Waldes unternommen, aber all diese Ausflüge zählen auch heute noch zum Spannendsten, was ein Reisender erleben kann. Die besten Reportagen der MOTORRAD-Touristen finden sich in diesem Band der Edition Unterwegs, und sie sollen einladen zu Begegnungen der besonderen Art. Zu Bummeleien durch sanfte Kulturlandschaften von Tschechien bis Polen, vorbei an uralten Städten und Dörfern, die in ihrer Vertrautheit schon von Ferne bezeugen, dass Europas Osten niemals weit weg war. Dass wir Deutschen mit unseren Nachbarn eine jahrhundertelange gemeinsame Geschichte teilen. Und all diese Reisen führen zu Menschen, die sich noch wirklich auf Besucher freuen, die erzählen können – und nicht bloß unterhalten.
Kleine Fluchten oder große Abenteuer: Der Osten Europas ist nicht nur Reisen wert, er ist liebenswert.

Viel Spaß beim Lesen und
Reisen wünscht
die Redaktion MOTORRAD

Osteuropa – auch Anregung zum Nachdenken

AUF EINEN BLICK

Folgende Symbole werden im Info-Teil verwendet:

 **Aktivitäten**

 **Dokumente**

 **Anreise**

 **Reisezeit**

 **Literatur**

 **Sehenswert**

 **Übernachten**

Zum Info-Teil

Die Qualität der genannten Hotels und die Preisangaben für Übernachtungen ändern sich mitunter schnell. Deshalb können wir auch keine Gewähr für die Richtigkeit dieser Angaben übernehmen. Es ist daher ratsam, sich vor Antritt der Tour mit neuesten Infos - beispielsweise von den Fremdenverkehrsämtern und/oder mit Material von Reisebüros zu versorgen. Nützlich sind auch spezielle Hotel- und Campingführer, die jährlich aktualisiert werden.
Eigene Erfahrungen und Übernachtungs-Tips können Sie gerne an die Redaktion MOTORRAD, Ressort Unterwegs, 70162 Stuttgart, weitergeben. Wir freuen uns auch über Kritik und Anregungen.

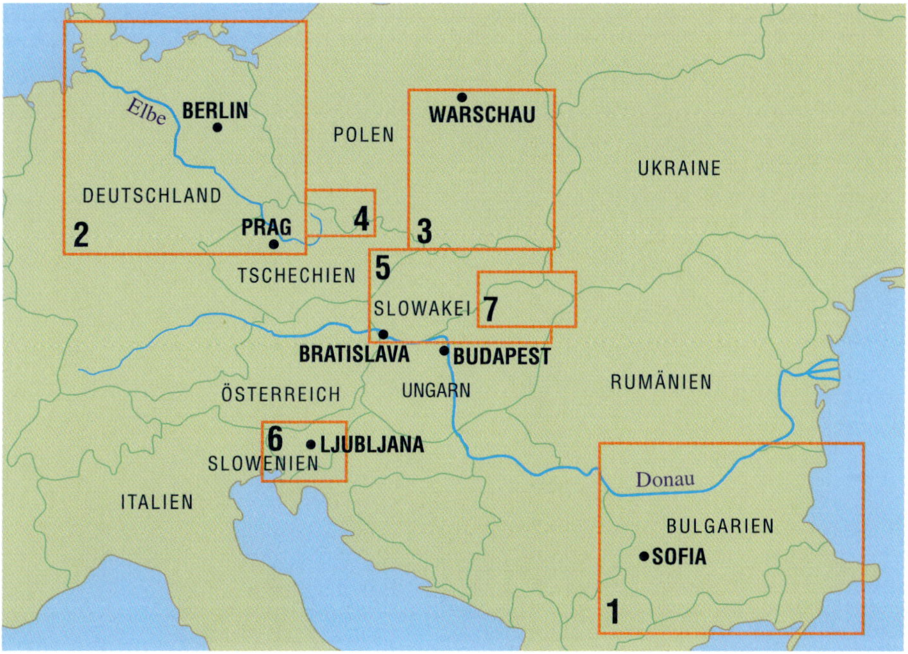
Elbe
BERLIN
POLEN
WARSCHAU
UKRAINE
DEUTSCHLAND
4
2
PRAG
3
5
TSCHECHIEN
SLOWAKEI
7
BRATISLAVA
BUDAPEST
ÖSTERREICH
UNGARN
RUMÄNIEN
6
LJUBLJANA
SLOWENIEN
Donau
ITALIEN
BULGARIEN
SOFIA
1

SÜDOSTKURS

BULGARIEN

Abenteuerlich: Die Wege in den Rodopen führen durch unberührte Berglandschaften

Bulgarien – Billigreiseland? Transitland im Südosten Europas auf dem Weg in die Türkei? Stimmt, aber das ist nur die halbe Wahrheit.

Lächelnd fordert mich die freundliche Zollbeamtin auf, die Papiere zu zeigen, ein kurzer Blick auf das Visum, dann wünscht sie mir eine gute Fahrt. Bulgarien. Wenig oder nichts weiß ich über dieses Land. Selbst der Anruf beim bulgarischen Fremdenverkehrsamt war eine Enttäuschung: »Am besten, Sie buchen eine Pauschalreise zum Schwarzen Meer, denn zur Zeit werden viele Autos gestohlen.« Meine Idee, mit einem Motorrad durch das Land zu fahren, fand wenig Anklang. Laut den mageren Auskünften sollte ich von meinem Vorhaben besser Abstand nehmen. Vor ein paar Stunden aber hatte ich Istanbul verlassen und mir vorgenommen, auf dem Weg nach Deutschland trotzdem durch Bulgarien zu fahren. Ich war gespannt.

Der verschlafene Grenzort Malko Tarnovo liegt bereits einige Kilometer hinter mir. Kurve an Kurve windet sich die Straße durch kühle Laubwälder. Gelassen fahre ich in Richtung Nesebûr am Schwarzen Meer, einem kleinem Dorf auf einer Halbinsel, die durch einen zehn Meter breiten und 300 Meter langen Damm mit dem Festland verbunden ist. Nur wenige Menschen bummeln durch die engen Gassen zwischen den herausgeputzten Holzhäusern. Einstmals gab es über 40 Kirchen in dem kleinen Ort, der zu den ältesten Siedlungen Europas gehört, heute sind es zwar nur noch elf, damit aber immer noch mehr als in jedem anderen Ort Bulgariens. In den Sommerferien soll hier laut meinem Reiseführer die Hölle los sein. Einige Schilder sind sogar deutsch beschriftet - ein Hinweis, für wen die Cafés und Souvenirshops gedacht sind: Schon immer waren die bulgarischen Sandstrände die erste Adresse für deutsche Urlauber mit Kleinstbudget. Die Preise sind tatsächlich unglaublich niedrig. Gegrillter Fisch kostet umgerechnet um eine Mark, eine Unterkunft mit Blick aufs Meer gibt es schon ab fünf Mark für eine Nacht. Bei mehreren Übernachtungen wird's noch günstiger.

Der Zustand der Küstenstraße Richtung Varna ist schlecht. Oder andersherum, zwischen den Schlaglöchern ist auch noch

Freundliche Distanz – bulgarische Bäuerin

ein Rest von Straße erhalten. Trotzdem, mir gefällt's. Hinter Bjala verabschiedet sich die Straße vom Meer, führt kurvig durch ein hügeliges Gelände, ab und zu geht's durch kleine Waldstücke, schließlich vorbei an Feldern und Weinbergen. Bei Staro Orjachovo kann ich der Versuchung nicht widerstehen, noch einmal einen Abstecher ans Meer zu machen. Nach acht Kilometern erreiche ich bei Schkorpilovzi die Küste - und

 Stille Momente am einsamen Strand

staune: Hinter einem dichten Waldstück erstreckt sich ein herrlicher Sandstrand mit vielen Dünen. Touristen? Fehlanzeige. Anscheinend nicht einmal im Sommer, denn Hotels gibt's hier so gut wie keine.
Doch inzwischen lockt mich das Inland. In Varna biege ich ab in Richtung Madara - zumindest hoffe ich, dass der Weg dorthin führt. Schilder und Wegweiser sind ausnahmslos in kyrillischer Schrift gehalten, und ich versuche, mir zumindest ein paar Brocken des Alphabets zu merken, um wenigstens die Ortsschilder enträtseln zu können. Doch nicht nur die Schrift ist anders: Bulgaren schütteln den Kopf, wenn sie zustimmen, und sie nicken, wenn sie anderer Meinung sind. Missverständnisse sind so programmiert: In der Nähe von Devnja will ich tanken, der Tankwart nickt eifrig - und ich wundere mich, warum er mir trotzdem kein Benzin geben will. Klar, weil er keines hat, wie ich ein paar Minuten später von einem deutschsprechenden Bulgaren erfahre, der an der Dieselzapfsäule mehr Glück hat als ich. Pech auch an der nächsten Tankstelle. Mir fallen plötzlich all die Geschichten ein, in denen Ostblockreisende die meiste Zeit ihrer Reise damit

Helmpflicht in Bulgarien – improvisiert

verbrachten, Benzin zu organisieren. Aber bereits in Novi Pazar ist der Spuk zu Ende und der Tank gefüllt.

Endlich erreiche ich Madara, ein archäologisches Reservat mit Weltruf. Der Reiter von Madara, ein fast drei Meter hohes Felsenrelief, ist das einzige monumentale Relief aus dem frühen Mittelalter in ganz Europa. Doch von dem in den Stein gemeißelten Reiter ist zur Zeit leider nichts zu sehen. Das Werk wird restauriert und ist vollständig mit Plastikplanen verhängt. Unweit des Originals steht allerdings eine maßstabsgetreue Kopie des Reiters am Straßenrand. Sicherlich kein Ersatz für das eigentliche Kunstwerk, aber dennoch beeindruckend.

Gegen Abend erreiche ich Veliko Târnovo. Die Stadt zählt zu den schönsten des Landes. Die teilweise prächtigen Gebäude, die am Nordrücken des Balkan-Vorgebirges errichtet wurden, wirken wie eine riesige Festung, Häuser und Felsen scheinen längst zusammengewachsen. Der Umfang der Festungsmauer lässt die einstige Größe und Bedeutung von Veliko Târnovo ahnen. Zwischen 1187 und 1393, kulturgeschichtlich die Blütezeit des Landes, war diese ehemalige Zarenstadt die Metropole Bulgariens.

Auf dem Weg zum Sipka-Pass biege ich in Drjanovo auf eine Nebenstraße ab. Als ich am Ortsende anhalte, stoppt hinter mir plötzlich ein Wagen. Ein Mann im Tarnanzug springt heraus und spricht mich auf deutsch an. Bald ist klar, dass er sich für die Honda interessiert. Er ist selbst ein begeisterter Motorradfahrer und bittet mich, einen Augenblick zu warten. Kurz darauf erscheint er mit seiner Maschine, einer M 72, dem russischen Nachbau der Wehrmachts-BMW. Allerdings hat er die Fuhre etwas modifiziert. Da es keine Ersatzteile gibt, hat er den Tank einer russischen Isch montiert, Sitzbank und Verkleidung selbst gebaut und ein Koffersystem aus rechteckigen Blumenkästen sowie den Fensterrahmen eines ausgedienten Autobusses konstruiert. Er erzählt, der Motor habe bereits über 200 000 Kilometer auf dem Buckel. Klar, die Africa Twin gefällt ihm, am liebsten hätte er aber eine BMW. Bei einem Monatsverdienst von umgerechnet rund 75 Mark ist er allerdings froh, überhaupt zwei Räder unterm Hintern zu haben. Über den Sipka-Pass erreiche ich Kazanlâk, eine auf den ersten Blick unscheinbare Kleinstadt, die aber eine einzigartige Attraktion besitzt - zumindest, wenn man sich für Gräber interessiert: Das thrakische Grabmal aus dem 4. Jahrhundert vor unserer Zeitrechnung besteht zwar nur aus einem engen Raum, aber die an den Wänden und Decken gut sichtbaren Malereien, die verschiedene Personen, Kampfhandlungen und zahlreiche Symbole zeigen, sind in ihrer Ausdruckskraft

Wie aus Tausendundeiner Nacht: das Rila-Kloster südlich von Sofia

Wie von Geisterhand platziert: die Steinsäulen in den Wäldern bei Belogradcik

Beschauliche Ruhe in den Bergdörfern

überwältigend. Kein anderes Denkmal aus der hellenischen Welt ist so gut erhalten wie dieses. Damit das so bleibt, ist der Zutritt inzwischen verboten. Besucher dürfen nur noch über einen detailgetreuen Nachbau nebenan staunen.

Gemütlich rausche ich weiter in den Süden in eine wunderschöne Bergregion. Das Rodopengebirge südlich von Plovdiv gilt als eine der landschaftlich attraktivsten Gegenden Bulgariens. Zu Recht. Sie ist ein Labyrinth aus unzähligen Bergkämmen und Tälern, in denen der Weg nur ab und zu kleine, weltabgeschiedene Dörfer streift, in denen die Zeit irgendwann vor vielen Jahren stehen geblieben zu sein scheint. Endlose Wälder säumen die Strecke wie eine dichte Mauer, dann wieder geben Lichtungen den Blick frei auf ein wild geformtes Land.

Gelegentlich zweigen von der Hauptstraße kleine Wege ab, die irgendwo in den Bergen enden. Einer davon führt zu den Höhlen bei Jagodina in der Nähe von Trigrad. Die Fahrt dorthin ist ebenso abenteuerlich wie unheimlich. Fast sieben Kilometer folgt der Weg entlang einem Wildbach durch den Bujnowez-Engpaß. Links und rechts ragen steile Felswände auf, der Durchbruch ist an manchen Stellen nur ein paar Meter breit. Schließlich

Biker-Treffen am Straßenrand

Steinschlag – manchmal ist Vorsicht geboten

Abendstimmung am Schwarzen Meer

Eingang zum Hof des Rila-Klosters

hängen die Felsen so weit über den Weg, als führe man durch einen Tunnel. Dann überquert die Strecke mehrmals den tiefgrünen Bach – auf schmalen Brücken, die aus dicken Baumstämmen gezimmert sind und nicht sehr vertrauenerweckend aussehen. Im Schrittempo balanciere ich die schwere Enduro durch diese atemberaubend schöne Felsenlandschaft.

Am Ende der Strecke will ich mir einen Spaziergang durch eine der beiden riesigen Höhlen gönnen, in der es einen über 60 Meter hohen Wasserfall geben soll. Doch wie mir ein Guide erklärt, sind zur Zeit die Stufen zu der eigentlichen Attraktion der Höhle nicht passierbar. Das erfahre ich allerdings erst, nachdem ich den Eintritt bezahlt habe. Dieses Schlitzohr lacht vermutlich noch heute über meinen zaghaften Protest.

Wieder auf der Hauptstraße, fahre ich in Richtung Westen nach Melnik, der laut Reiseführer »kleinsten Stadt Bulgariens«, die inmitten einer von nackten und steilen Felsen umgebenen Schlucht liegt. Weiße, märchenhafte Häuser, die übereinander gebaut wurden, enge, steile Wege, in denen kaum ein Fahrzeug Platz hat. Es duftet betörend nach Akazien, Grillenzirpen. Ansonsten ist nur mal der Schrei eines Hahnes oder Esels und das Blöken von Schafen zu hören. Ein wunderschöner Ort, der inzwischen von der Regierung schmeichelhaft zum Architektur-Reservat erklärt wurde.

Praktisch kurvenfrei geht's von hier nach Norden, in Richtung der Hauptstadt Sofia. Vorbei an den Ausläufern des Pirin-Gebirges und bis zum weltberühmten Rila-Kloster, einem ebenso mächtigen wie prachtvollen Bauwerk, das die meistbesuchte Attraktion des Landes ist. Dann tauchen auf einmal die ersten Trabantenstädte Sofias unter einem dichten Dunstkessel auf. Ein Anblick, der nicht sehr einladend wirkt. Ich will auch gar nicht bleiben, sondern suche verzweifelt einen Weg aus dem immer dichter werdenden Verkehr in Richtung Norden.

Aber nach einer Stunde sind Verkehrsstaus, Smog und Lärm schon wieder vergessen. Hinter Novi Iskar führt die Überlandstraße abermals durch eine gewaltige Naturkulisse: Auf einer Länge von über 60 Kilometern hat sich die Iskar im Lauf von Jahrtausenden einen Weg durch die Felsen des Balkans gegraben. Ganz im Norden folgt noch die eigenartige Felsenlandschaft bei Belogradcik: rotbraune Säulen

Kunstwerk der umstrittenen Art: Flugzeug in Omurtagt

Campinghütte beim Backovo-Kloster

und Steinblöcke, die wie von Geisterhand platziert mitten in dichten Wäldern stehen. Von hier sind es nur noch ein paar Kilometer bis zur Donau, der Grenze nach Rumänien. Fast wäre ich während der letzten Etappe doch noch liegengeblieben: Die Tankstellen haben kein Benzin mehr, denn der kostbare Treibstoff wird lieber im benachbarten Serbien für mehr als den doppelten Preis verkauft. An die freundlich nickenden Tankwarte werde ich noch lange denken. Und auch an die Leute vom bulgarischen Fremdenverkehrsamt. Statt nur Paulschalreisen ans Schwarze Meer zu empfehlen, sollten sie das Land, das weit mehr als Küste zubieten hat, vielleicht mal selbst unter die Räder nehmen.

Bauern bei der mühsamen Feldarbeit

Eine der Höhlen bei Jagodina

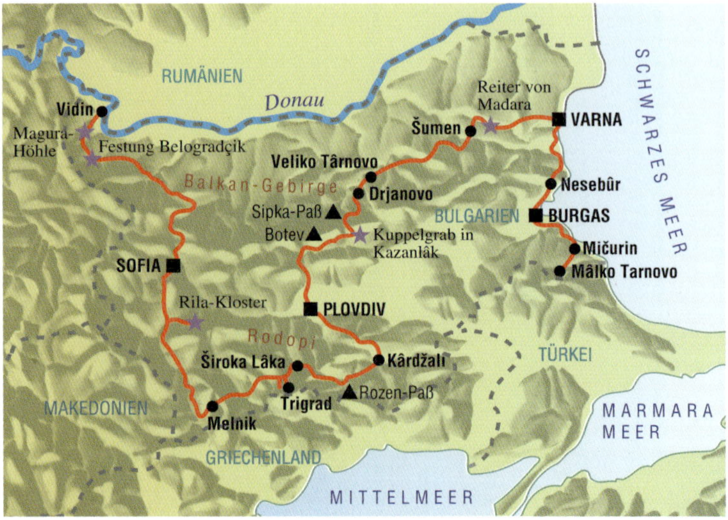

Zeitaufwand: zehn Tage
Gefahrene Strecke: 1900 Kilometer

Eine Reise durch Bulgarien ist ein spannendes und immer noch sehr preisgünstiges Erlebnis – wenn man sich die Zeit nimmt und die Transitwege links liegen lässt. Die Küste des Schwarzen Meeres lädt zum Baden ein, im Inland locken traumhaft schöne Strecken. Der Tip für Enduro-Fahrer: das Rodopen-Gebirge im Süden.

Anreise:

Auf der österreichischen Autobahn über Salzburg nach Wien und weiter durch Ungarn bis Budapest. Von dort über Szeged zur rumänischen Grenze. In Rumänien geht es über Arad, Temeschwar und Drobeta Turnu Severin bis Calafat, wo die Donaufähre ins bulgarische Vidin übersetzt. Von München bis Calafat sind es rund 1300 Kilometer. Türkei-Reisende sollten bei genügend Zeit diesen Reiseweg als Alternative zur Fährüberfahrt in Betracht ziehen.

Dokumente:

Für Rumänien ist ein Transitvisum nötig, das für rund 40 Mark an der Grenze ausgestellt wird. Das Einreisevisum für Bulgarien gibt es für rund 80 Mark von den bulgarischen Konsulaten. Alle Visa sind vorab beim Bulgarischen Generalkonsulat, Böcklinstraße 1, 80638 München, Telefon 0 89/15 50 27, oder bei der Bulgarischen Botschaft, Konsularabteilung, Am Büchel 17, 53173 Bonn, Telefon 02 28/36 30 61, erhältlich.

Übernachten:

Abgesehen von der Schwarzmeerküste, wo es neben Campingplätzen zahlreiche Unterkünfte ab zirka fünf Mark gibt, ist das Übernachtungsangebot in Bulgarien dürftig. Hotels finden sich im Inland fast nur in den großen Städten oder in direkter Nähe von Sehenswürdigkeiten. Die meisten Unterkünfte existieren in den Rodopen, entlang der griechischen Grenze. Der Tip: das hervorragende Hotel Arbanatschki Tschan in Apanassi mit wunderschönen Zimmern ab zirka 50 Dollar pro Nacht. Wer mag, kann versuchen Privatunterkunft bei Vasil und Elena Kisiovi in Siroka Laka zu finden. Sie vermieten Zimmer für insgesamt sechs Personen. Inklusive Halbpension, Schnaps und Familienanschluss sind um die 20 Mark pro Person zu zahlen. Besonders stimmungsvoll ist eine Nacht im Rila-Kloster. Ein Bett kostet zirka fünf Mark pro Nacht. Weitere Infos: Bulgarisches Fremdenverkehrsamt,Stephanstraße 13, 60313 Frankfurt, Telefon 0 69/29 52 84 oder 29 52 85.

Literatur:

Reiseführer über Bulgarien sind Mangelware. Das derzeit beste Angebot: Das *Bulgarien Handbuch* von Elena und Ralf Engelbrecht aus der Reihe Reise Know-How für 44,80 Mark. Neben einer Unmenge an Infos über Land und Leute werden zahlreiche schöne Strecken beschrieben. Das ideale Buch für Selbstfahrer. Die Ergänzung: der kleine Polyglott Reiseführer *Bulgarien* für 14,90 Mark, der dank seines handlichen Formats in jede Jackentasche passt. Relativ neu ist der Marco Polo-Reiseführer *Bulgarien* für 14,80. Zum Reisen eignet sich die ADAC-Karte Bulgarien im Maßstab 1:500000 für rund 12,80 Mark.

GEGEN DEN STROM

ENTLANG DER ELBE

Ein guter Platz für den Start zur Entdeckungsfahrt

ENTLANG DER ELBE

Je länger ein Fluss, desto mehr Geschichten weiß er zu erzählen.
Eine Entdeckungsfahrt entlang der Elbe von der Nordsee bis zum Quellenstudium im tschechischen Riesengebirge.

Das Wasser fließt bergauf. Kein Zweifel. Ein durchgeweichter Margarinekarton dümpelt vorbei. Vor ein paar Stunden war es noch andersrum unterwegs – geschoben von der Elbe in die Nordsee. Das Meer aber nutzt die auflaufende Flut und befördert den Abfall zurück in den Fluss. Aber was heißt schon Fluss und was Meer? Wo hört die Elbe auf, wo beginnt die Nordsee? Vom Steubenhöft in Cuxhaven, einst Anlegeplatz der Liniendampfer nach Amerika, ist das andere Elbufer kaum auszumachen. Nur schemenhaft sind dort - 15 Kilometer entfernt - ein paar weiße Windrotoren zu erkennen, die sich durch den Abenddunst quälen. Was später im Riesengebirge nur eines lächerlichen Sprungs bedarf, kann hier an der Mündung Stunden dauern: die Flussüberquerung. Zwischen Hamburg bis Cuxhaven verbindet nicht eine Brücke die Ufer. Ein gewaltiges Containerschiff unterbricht die träge Stille. Langsam gleitet der graue Rumpf stromabwärts. Am Heck flattert die rote Fahne Chinas. Fernweh kommt auf. Vorbei an der hölzernen Kugelbake, dem offiziellen Endpunkt der Elbe, verschwindet der stählerne Koloss in der Nordsee. Noch 1091 Kilometer bis zur Quelle.

Auf dem Weg nach Hamburg gibt sich die Elbe nur selten die Ehre. Sie versteckt sich hinter Deichen, die Schutz vor den herbstlichen Sturmfluten bieten. Als Birgit und ich die Hansestadt erreichen, zeigt das Thermometer 31 Grad. Bei der Hitze haben nicht mal die Schiffe Lust, sich zu bewegen. Nur ein paar Schlepper sind auf Arbeitssuche. In Hamburg ändert der Strom sein Gesicht, verzweigt sich in Norder- und Süderelbe, in unzählige Wasserarme und Hafenbecken. Aber schließlich, nachdem alles überstanden ist, wird aus der betriebsamen Elbe ein großer, friedlicher Fluss. Noch 970 Kilometer.

Hinter Neu-Darchau, östlich von Lüneburg, gibt es endlich die ersten Kurven. Den Fahrspaß darf der Biker allerdings nur in der Woche genießen. Am Wochenende besteht striktes Spaß- äh – Fahrverbot für Motorräder. Es wird einsamer. Lange war das Wendland der letzte westliche

Der Anfang: Elbfall im Riesengebirge

Zipfel, der sich ins DDR-Staatsgebiet vorwagte, Zonenrandgebiet. Ein holpriger Weg folgt ab Hitzacker dem Deich. Hin und wieder ein Minidorf wie Menkefitz, Penkefitz oder Wussegel mit roten Ziegel- und Fachwerkhäusern. Schwarz-weiße Kühe warten auf den kühlen Abend, phantasievolle Anti-Atom-Parolen verzieren Hauswände und Straßen. Gorleben ist nicht mehr weit.

Früh am nächsten Morgen warten wir auf die Elbfähre nach Lenzen. Noch vor sieben Jahren war hier die Grenze zwischen den Welten. Am anderen, unerreichbaren Ufer begann die DDR. Jetzt reichen fünf Mark, um die Elbe zu überqueren. Ein grauer Wachturm mit zersplitterten Scheiben begrüßt uns als letzter Zeuge der alten Grenzanlagen. Lenzen sieht mit seinen grob gepflasterten Straßen und den alten, grauen Häusern fast so aus wie vor der Wende. Nur die vielen neuen Autos – wo sind bloß all die Trabis geblieben? – passen nicht so richtig in mein altes DDR-Bild.

Abendstimmung im Watt - Zeit haben Ruhe finden

Die Überlandstraßen sind glatt asphaltiert. Sorgfältig aufgemalte Mittelstreifen und saubere Leitpfosten bringen sie auf Einheitsniveau. Aber die zahlreichen blumengeschmückten Holzkreuze am Straßenrand machen auf drastische Weise deutlich, dass viele mit den schnellen Autos auf den neuen Straßen überfordert waren.

Unbehelligt von Uferstraßen kurvt der Fluss in der Altmark durch die Elbtalaue. Viele Altarme und Auenwälder bieten perfekte Lebensbedingungen für Frösche bis hin zu Störchen. Kein Wunder also, dass wir auf einen nationalen Superlativ treffen: Rühstädt, das storchenreichste Dorf Deutschlands. Kaum eines der roten Ziegelhäuser, das nicht mit einem Nest gekrönt ist. Ende August sind die meisten Jungstörche schon ausgeflogen. Nur in wenigen Horsten kommt noch Hektik auf, wenn ein Altvogel einschwebt, mit lautem Schnabelgeklapper den Partner begrüßt und den Nachwuchs füttert.

Viele Kilometer weiter südlich erreichen wir ein weiteres Naturereignis, das »Biosphärenreservat Mittlere Elbe«. Eine fast unberührte Natur, die zu DDR-Zeiten weitgehend sich selbst überlassen war. Selbst die Biber

Schroffe Gipfel säumen immer wieder die Wege

haben hier, trotz der Elbe-Verseuchung durch die volkseigene Industrie, zu Hunderten überlebt. An der kleinen Fähre von Aken, am Rand des Naturschutzgebiets, stellen wir die Motoren ab. Ungewohnte Stille umgibt uns. Es riecht nach Wald und dem Regen der Nacht. Die Morgensonne verdampft die Nässe vom Asphalt. Im seichten Uferwasser stehen vier Graureiher und hoffen auf ein baldiges Frühstück. Am blassblauen Himmel nutzt ein Storchenpaar die Thermik, um mühelos Höhe zu gewinnen. Beschauliche Idylle am Strom. Die kleine Gierfähre hinkt, wie die meisten auf der Elbe, ihrer Zeit hoffnungslos hinterher, und doch ist sie ultramodern. Ganz ohne Motor überquert sie den Fluss, wird – durch ein in der Flussmitte verankertes Drahtseil auf Position gehalten – von der Strömung leise und langsam getrieben.

Die Akener Fähre hat aber noch mehr zu bieten, auf einer Seite protzt sie mit einem massiven Stahlmast. Auf meine Frage nach dem Sinn des Masts grinst der Fährmann von einem Ohr zum anderen: »Das war ein Konstruktionsfehler. Nach dem Stapellauf hatte die Fähre Schlagseite. Also baute die Werft den Mast auf die leichtere Seite.

Wettrennen: Frachtschiff gegen BMW bei Königstein

TORGELOW

Lilienstein - und immer wieder beschauliche Strecken

Der Korb obendrauf hat überhaupt keine Funktion.« Aha. Am anderen Ufer angekommen, wird's Zeit fürs Frühstück. Ein alter Mann kommt vorbei und will wissen, ob meine Honda eine BMW sei. Den Gefallen kann ich ihm nicht tun, dafür erzähle ich die Geschichte mit dem Mast, die er kopfnickend bestätigt. »Wissen Sie denn auch, dass unsere Fähre vor drei Wochen gesunken ist?« Gesunken? Im zwei Meter tiefen Fluss? Hört sich verdächtig nach Seefahrerlatein an! »Doch, doch«, bekräftigt der Mann, »ein Lkw hatte falsche Ladepapiere dabei, war viel zu schwer und versenkte die Fähre. Nur der Mastkorb ragte noch aus dem Wasser.« Schlagartig wird mir jetzt die Funktion dieses Kuriosums deutlich. Noch 645 Kilometer.

Zwischen Aken und Torgau wird die Elbe schmaler und die Landschaft langweilig, Zeit, ein paar Kilometer zu machen. Riesa empfängt uns mit einem Wirrwarr von Umleitungen. Aus der U 1 wird unvermittelt die U 4, die sich etwas später mit der U 2 trifft, um gemeinsam als U 1 weiterzustauen. Überall wird gebaut und gebuddelt. Um die Altstadt legt sich ein Gürtel moderner Konsumtempel, Aldis wechseln mit Lidls ab, Tankstellen und Baumärkte lockern die neuen Vorstädte auf. Nur im Stadtzentrum ist der frühere Staat noch zu erkennen. Aber auch hier verliert er sein Gesicht, muss sich eine neue, glatte Identität überstülpen lassen. So groß die Kontraste zwischen Neustadt und Altstadt auch sind, es gibt doch verbindende Elemente: die Staus. Noch 480 Kilometer.

Es ist nicht mehr weit bis Dresden, um das wir vorerst einen großen Bogen schlagen – genau von dort nähert sich eine bedrohlich schwarze Wolkenwand. Keine Lust, ins Zentrum des Gewitters zu geraten. Also versuchen wir zu fliehen, die gewaltige Wolke zu umfahren. Und tatsächlich, als wir in Königstein wieder die Elbe erreichen, können wir das Gewitter von hinten bewundern. Endlich sind wir in den Bergen. In weiten Kurven zieht sich der Fluss durch die Sächsische Schweiz. Aus der waldigen Hochfläche ragen steile Tafelberge und spitze Felszinnen. Ein Paradies für Bergsteiger.

Die beste Aussicht auf das Elbsandsteingebirge verspricht die Festung Königstein, die hoch über dem Tal thront. Sieben Jahrhunderte diente die Festung als waffenstarrendes Garnisonslager, als Staatsgefängnis oder als riesige Kneipe. Hier wurde gevöllert und gesoffen, was das Zeug hielt. Das 248 000 Liter große Weinfass war meistens viel zu schnell geleert. Die Festung war so gut gesichert, dass sie nur einmal bezwungen wurde – peinlicherweise von einem Schornsteinfeger. Der kletterte 1848 in einem Anflug von jugendlicher Tollkühnheit, von den Wachen unbemerkt, durch die Risse und Spalten im Felssockel der Burg bis nach oben. Kein Wunder, dass der Chef der Festung mächtig sauer auf den Schornsteinfeger war und ihn für zwölf Tage in den Kerker warf.

Im weiten Bogen kurvt die Elbe durchs Tal. Ein alter, perfekt restaurierter Schaufelraddampfer sorgt für Wellen auf dem ruhigen, braunen Wasser. Über den Bergen braut sich schon wieder ein Sommergewitter zusammen. Bald fegen grelle Blitze über den dunklen Himmel. Krachende Donnerschläge schütteln die schweren Wolken, bis sie sich heftig übergeben müssen. Der Regen begleitet uns auch noch am nächsten Tag bis nach Tschechien. Nach 721 Kilometern endet die Elbe an der Grenze, ab hier hört der Fluss auf den slawischen Namen Labe. Der Grenzer winkt uns durch, vor ein paar Jahren noch ein undenkbarer Akt. Bis Decin fahren wir den längsten Straßenstrich der Elbe ab. Leichte Mädchen, trotz des Sauwetters äußerst kühn gekleidet, hoffen auf schweres Geld. Der Verkehr wird ätzend, Tschechiens Kohlerevier kündigt sich an. Stinkende Lastwagen vernebeln aus armdicken Auspuffrohren die Sicht. Erst ab

Schmucke Renaissance-Fassaden säumen den Weg

Terezin, dem früheren Theresienstadt, kommt wieder Ruhe auf. Aber auch wir werden ganz still, als wir die Gedenkstätte und das ehemalige Nazi-Gefängnis besuchen. Das Grauen wird angesichts der vielen Bilder und Tausender Grabsteine greifbar und bleibt doch unfassbar.
Das graue Wetter begleitet uns bis Melnik, wo die Moldau in die Labe mündet. An der Kirche entdecken wir ein kleines Schild »Gebeinhaus«. Neugier kommt auf. Ein junger Priester öffnet mit einem Riesenschlüssel die schwere Tür. Wir steigen hinunter ins muffige Halbdunkel eines fahl beleuchteten Gewölbekellers. Hier wohnt der Tod, lagern die Reste von über 10 000 Pestopfern aus dem Jahr 1512. Knochen und Totenköpfe stapeln sich bis zur Decke. Irgendjemand entdeckte beim Sortieren seine makabere Kreativität und modellierte mit den Totenköpfen Buchstaben und Muster in die Knochenwände. Den grotesken Höhepunkt bildet ein großes Kreuz, das aus Armknochen und Totenköpfen besteht. Noch 260 Kilometer.
Bis Hradec Králové, dem früheren Königgrätz, ist die Labe eine langweilige Mischung aus Kanal und reguliertem Fluss. Nur der wunderschöne Pernsteinplatz im

Lichterspiele: nachts in Melnik

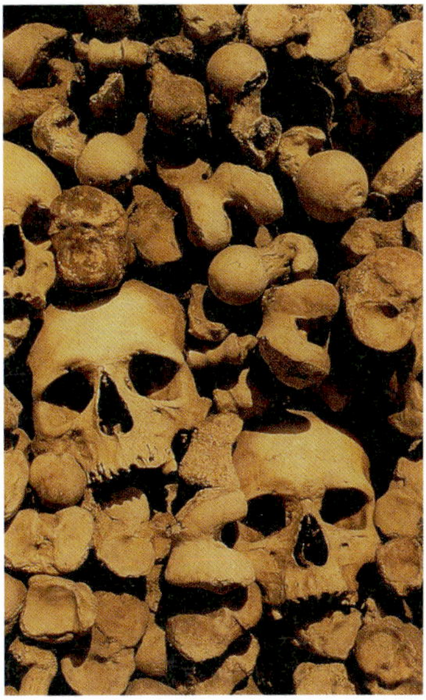

Gruselig: Gebeinhaus in Melnik

grauen Pardubice sorgt mit seinen Renaissance-Fassaden für einen Lichtblick. Bei Jaromer verlassen wir die nervige Europastraße und das böhmische Becken. Grüne Hügel wagen sich hervor, und die Sonne bohrt endlich ein paar zaghafte Strahlen durch die Wolken. Aus der Labe ist ein kleiner, kaum 20 Meter breiter Fluss geworden. Lehmrotes Wasser sprudelt durch grüne Wiesen. Auch die Straße erwacht wieder, in langen Kurven folgt sie der Labe. In der Ferne schälen sich schon die hohen Bergzüge des Riesengebirges aus dem Dunst.

Beeindruckend: Staumauer bei Nemojov

Je näher wir den Bergen kommen, desto ungestümer schäumt die junge Elbe zu Tal. Auf dem quicklebendigen Wildwasser kommen uns drei triefende Kajakfahrer entgegen. Spindleruv Mlyn, erster Ort am Fluss, lebt ausschließlich vom Tourismus. Hotels, Restaurants und Andenkenhändler warten auf Kunden. Noch trennen uns zehn Kilometer von der Quelle. Also schnüren wir die Wanderschuhe und folgen der Labe bergauf. Der Weg wird bald steiler und taucht ein in die paradiesische Ruhe des Elbgrunds. Nur der kleine Bach gluckst und sprudelt, freut sich seiner Freiheit, die er hier noch unreguliert ausleben darf. Uralte, knorrige Fichten sperren das Sonnenlicht aus, giftgrüne Farne bedecken den moosigen Waldboden. Ein Märchenwald. Aber je höher wir steigen, desto mehr wandelt sich das Märchen zum Alptraum. Zuerst tauchen nur vereinzelte tote Bäume auf, aber bald sind wir von Fichtenleichen umgeben. Waldsterben im nie gesehenen Stadium. Wie Skelette ragen die weißen Stämme anklagend in den Himmel. Ein paar Bäume

Der Weg ist das Ziel

Warten auf die Fähre bei Hrensko

stützen sich gegenseitig, knarren und ächzen, wenn der Wind sie bewegt. Schaffen sie es noch bis zum nächsten Sturm? Aus der paradiesischen Ruhe wird Totenstille, nicht mal Vögel sind zu hören.

Die Baumwracks begleiten uns bis zum Elbfall, an dem wir steil hinauf zur Hochfläche klettern. Hier oben wächst kein Baum mehr. Das raue Klima ähnelt dem von Skandinavien. Wir folgen der Mini-Elbe durch nasse

Ansicht auf den noch jungen Fluss

Wiesen, springen mal ans linke, mal ans rechte Ufer, bis der Weg an einem hässlichen, wassergefüllten Betonring endet. Sprachlos starren wir in das ruhige Wasser, das ein richtig großer Fluss werden möchte. Ein paar Münzen schimmern am Boden. Das soll die Quelle der mächtigen Elbe sein? Ein kleines Schild verkündet voller Ernst: »Pramen Labe, 1387 m«. Aber was haben wir erwartet? Vielleicht kollidiert das niedliche Rinnsal, das aus dem Betonring sickert, auch nur mit unseren alten Bildern von der großen Elbe. Aber so ist das eben, wer gegen den Strom schwimmt und den Ursprung sucht, wird alte Klischees über Bord werfen und Überraschendes finden. Noch 1091 Kilometer bis Cuxhaven.

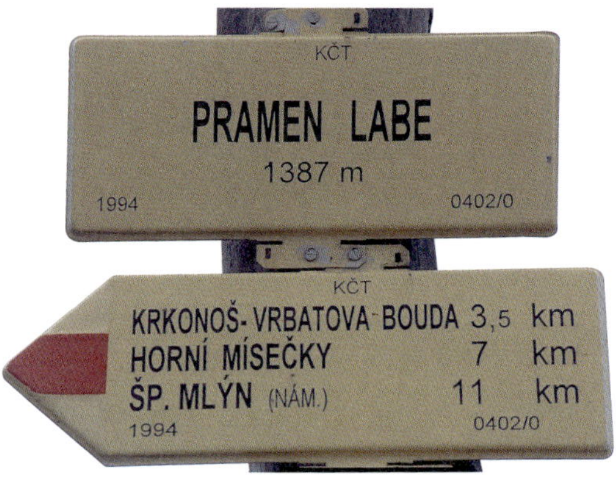

Wegweiser zur Elb-Quelle

Zeitaufwand: eine Woche

Gefahrene Strecke:
1500 Kilometer

Die Elbe ist nach dem Rhein der zweitgrößte deutsche Fluss. Er verbindet so gegensätzliche Landschaften wie das tschechische Riesengebirge und die Nordsee.

Anreise:

Von Süden kommend über die A 7 bis Hamburg und über die B 73 nach Cuxhaven. Von Westen geht's über die A 1 und die A 27 bis zur Elbemündung. Wer lieber flussabwärts fährt und die Elbequelle als Startpunkt wählt, fährt über die A 4

So und nicht anders reisen

oder A 14 bis Dresden und weiter nach Decin über die B 172. Von dort über die E 442 bis Liberec, weiter bis Vrehlabi über die 14 und über die 295 bis Spindleruv Mlyn.

Die Strecke:

Die Elbe ist offiziell 1091 Kilometer lang, 721 in Deutschland und 370 in Tschechien. Ältere Enzyklopädien wissen noch von 1165 Elbekilometern. Vor der Wende gebührte der Elbe der Superlativ »dreckigster Fluss Europas«. Durch den Neubau zahlreicher Kläranlagen, den Zusammenbruch der DDR-Industrie und die Modernisierung der Chemie-Kombinate konnte die Schadstoffbelastung um 60 bis 90 Prozent reduziert werden. Höhepunkte einer Elbereise sind die Mündung bei Cuxhaven mit dem einzigartigen Wattenmeer, der geschäftige Hamburger Hafen, das Biosphärenreservat Mittlere Elbe, der Durchbruch durchs Elbsandsteingebirge, die bizarren Felsformationen der Sächsischen Schweiz, die bunten Marktplätze tschechischer Städte und der wilde Fluss im

Riesengebirge. Der Wechsel von langweiligen und interessanten Passagen hat auch Einfluss auf die Fahrtstrecke, wo von schnellen Bundesstraßen bis zu kopfsteingepflasterten Wegen jedes Reisetempo möglich ist.

Reisezeit:

Die beste Zeit liegt zwischen April und Oktober. Während im Alten Land bei Hamburg Ende April die Obstbäume blühen, liegt auf den Höhen des Riesengebirges noch meterhoher Schnee.

Übernachten:

Auf den ersten Kilometern gibt es noch viele Campingplätze in Flussnähe, in den fünf neuen Ländern und in Tschechien deutlich weniger. Privatzimmer oder Pensionen sind, abgesehen vom Hochsommer, überall problemlos zu finden. In Tschechien bieten Hotels und Pensionen ihre Zimmer schon ab etwa 20 Mark an. Zimmernachweise bieten auch die Fremdenverkehrsämter, beispielsweise in Königstein (Telefon 03 50 21/6 82 61) oder Wehlen (Telefon 03 50 24/7 04 14).

Literatur:

Ein schönes und einfühlsames Reisebuch ist *Die Elbe* von Linder/Heinrichs, Westermann-Verlag, 39,80 Mark (gebundene Ausgabe). DuMont gibt für 44 Mark seinen Kunstreiseführer *Die Elbe* heraus. Von einer Elbreise gegen den Strom erzählt *Die Elbe* von Karen Nölle-Fischer, Klett-Cotta-Verlag, 36 Mark.

Aktivitäten:

Bergsteiger und Freeclimber finden Hunderte von bizarren Felsnadeln und Tafelbergen im Elbsandsteingebirge. Die Aufstiegsrouten bieten alle Schwierigkeitsgrade von der einfachen Bergwanderung bis zum Klettern im senkrechten Fels. Nähere Infos gibt's beim Fremdenverkehrsbüro Pirna, Telefon 035 01/44 26 58.

POLEN
Polens grüne Oasen

Geplant war nichts. Aber es kam dann doch, wie es kommen musste: Wer in die alte Königsstadt Krakow fährt und von dort weiter durch Malopolska, Polens Südosten, den holt zwangsläufig die Vergangenheit ein. Barmherzig und grausam gleichermaßen.

Eine der wenigen Brücken kreuzt bei Annopol den breiten Fluss. Hoch überragt sie sein tief eingegrabenes Bett, eine nüchterne Konstruktion, gebaut, damit auf der Landesstraße 74 alles rasch von Kielce nach Lublin strömen kann. Dann weiter in die nahe Ukraine, nach Russland: Keine 100 Kilometer von der polnischen Ostgrenze strömt die Wisla durch leicht gewelltes, fruchtbares Land, und es wundert schon sehr, dass sie in Deutschland eigentlich nur als Weichsel bekannt ist. Gegen Abend gehört die Brücke den Bauern. Müde schlurfen ihre Pferdchen über den Asphalt, mit unbeschlagenen Hufen, vor viel zu vollen Wagen. Selten mischt sich ein Schlepper in diesen Treck, weniger selten ein kleiner Polski-Fiat, aus dessen Seitenfenstern die Stiele von Sensen, Rechen oder Hacken ragen. Die Wisla-Brücke ist rund achthundert Kilometer von Berlin entfernt.

Stromab reiht sich ein Dorf ans nächste, ausgedehnte Obstplantagen, gut genährte Gänseherden, kleine Fischteiche und bunte Gemüsegärten addieren sich so langsam zu einem beschaulichen Idyll. Es ist wie überall: Kinder winken dem voll bepackten, bunten Motorrad hinterher, Jugendliche staunen, Alte schütteln ihre weisen Häupter. Es ist alles so tröstlich – aber Jochen sagt nichts, und mir fällt auch nichts ein: Lublin liegt erst einen halben Tag zurück.

Ich denke an Krakow. Die ausgelassenen Kinder auf dem riesigen Markt rund um die weltberühmten Tuchhallen und den selbstbewusst aufragenden Rathausturm. An Fronleichnam waren sie mit ihren Eltern herbeigeströmt, um sich von auffallend fröhlichen Priestern und Nonnen unterhalten zu lassen. Priester an der E-Gitarre, Priester beim Tanz, Priester am Mikro. Und jetzt alle in die Hände klatschen. Und Yeah und Juchhu und AMEN. Ich denke an die kulturbeflissenen Touristen aus aller Welt zwischen den üppigen Bürgerhäusern und oben auf dem Schloss, dem

Plätze, die zum Nachdenken anregen

Gegensätzliches Krakow

ersten Königsschloss Polens, das zum Nationalsymbol eines immer wieder angegriffenen und zerteilten Landes wurde. Denke an das hemmungslos junge Liebespaar unten am Fluss und die vielen Kinderwagen im Park. An die McDonalds-Fähnchen, die schönen Cafés, den warmen Abend. Krakow kann nicht weit weg sein von Berlin. Krakow an der Wisla.

Von Krakow aus ging die Reise nach Südosten, in die Berge bei Nowy Sacz. Durch auffallend dichtbesiedeltes Land, aber bald bemerkten wir, dass eigentlich nur unser Wissensdefizit auffallend war: Ein erstaunlich großer Teil der rund 40 Millionen Polen lebt immer noch von der Landwirtschaft. Von einer mühseligen,

Frommes Polen

archaischen Landwirtschaft, aber wer diesen Leuten hier Maschinen wünscht, der riskiert leicht Hunderttausende von Arbeitslosen. Behauptet Tadeusz. Wir trafen ihn am Stausee des Dunajec, beim Aufstieg zu seinem kleinen Haus. Auf halbem Weg vom Seeufer hatte er seine Angel an den Kiosk gelehnt, einen Roten geköpft und mit Freunden geleert. »Parlez-vous français, sprecht ihr französisch«, grölte er, als er die Yamaha mit der deutschen Nummer sah. Und dann hat er erzählt. Vom nach Frankreich ausgewanderten Vater, von seinem eigenen Kampf gegen die deutsche Wehrmacht

Orthodoxe Kirchen finden sich immer wieder

in einer Einheit polnischer Exilanten. Von seinem Versuch, sich in Polen wieder heimisch zu machen, von seinem Beruf als Bäcker, vom gescheiterten Bemühen, doch wieder nach Frankreich zu kommen. Ein lebendiges Geschichtsbuch. Jetzt fühlt er sich trotz allem wohl in Polen. »Jetzt, wo es hier nicht mehr so viele Stalinisten gibt.« Tadeusz will nicht mehr nach Frankreich. »Obwohl es dort wahrscheinlich freier ist.«

»Fahrt durch Polen«, schrie er uns mit weit geöffneten Armen nach, »und erzählt, wie schön dieses Land ist.« Wir dachten darüber nach, welche Freiheit Tadeusz denn wohl meinte, fuhren nach Rzeszow und landeten in einem nagelneuen Hotel inmitten einer Trabantenstadt. Es goss in Strömen. Die Frau an der Rezeption war sehr hübsch. Sie sagte: »Fahrt Richtung Krosno und dann in die Berge. Da ist es wunderschön.« Sie konnte nur recht haben. Als wir am folgenden Abend zurückkamen, sagten wir der sehr hübschen Frau, es sei wunderschön gewesen: Wie uns das sanft gewellte Ackerland mit seinen wohlbestellten Feldern erfrischt hatte. Wie wir danach an ewig sich ausbreitenden Wiesen vorbeigestürmt, dann in den dunklen Gebirgs-

Junger Priester in Aktion

wald eingetaucht und auf einmal in ein sich allmählich weitendes Tal gefallen waren und schließlich zwischen vier, fünf Gehöften diese viel zu große orthodoxe Kirche entdeckt hatten. »Eine orthodoxe Kirche, mitten in Polen.« »Wir sind nicht mitten in Polen«, hat die sehr hübsche Frau gesagt. »Leider.« Aber das verstanden wir nur zur Hälfte.
Anderntags fuhren wir wieder Richtung Grenze, noch weiter gen Osten. »... nicht mitten in Polen ...« Bojken und Lemken, ukrainische Völker, haben einst diesen östlichen Ausläufer der Karpaten besiedelt. Daher die orthodoxen Gotteshäuser. Unbeugsame, bis weit nach dem Krieg Verfolgte. Wie versteckt liegen noch einige ihrer Dörfer im Winkel zwischen Ukraine, Slowakei und Polen. In einem finsteren, stillen Wald, der zur Grenze hin an immer schrofferen Hängen klebt. Er kam uns vertraut vor, weil er menschenleer war. Erst im nächsten Dorf kehrte das Befremden zurück. Das Staunen. Vor einem kleinen Café parkte ein Leiterwagen. Auf dem Brett, das als Kutschbock dient, hockte eine alte Frau. Wartend im Regen, in ihrem allerschönsten Sonntagsstaat. Sie hatte einen schwarzen Regenschirm aufgespannt, von der Ladefläche floss in tiefbrau-

Zweirad trifft Fuhrwerk

Orte für Ruhebedürftige und Gläubige

nen Rinnsalen die lehmige Erde. Drinnen trafen wir ihren Mann. Er kaufte zwei Creme-Schnittchen, das Paket verschwand in seiner riesigen Hand.

Für uns machte Zofia eine Art Kartoffelpuffer. Scharf, heiß, mit Kompott. Dann fragte sie, ob wir auch so auf Benny Goodman stünden und drehte ihren Kassettenrekorder etwas lauter. Einmal nach Amerika. Ihr großer Traum. Geträumt seit über 40 Jahren, gelebt in unendlich oft gehörten Swingmelodien, geprobt in ein oder zwei Englisch-Seminaren. Hinter der Kuchenvitrine hing ein frisches Foto vom Bandleader, daneben breitete sich die Karte des nahen Bieszczazki-Nationalparks aus. Auf dessen touristischer Anziehungskraft als Wander-Eldorado fußte Zofias ökonomische Perspektive. »Da gibt es noch Wölfe, Bären, Luchse«, versprach sie und lächelte wie unsere Oma während der Märchenstunde. Wir haben keines der genannten Untiere entdecken können, aber als wir den Wald, einen richtigen Urwald, auf einer Schotterstraße durchquerten, da wollte er uns verschlingen. Es dampfte vom langen Regen, es tropfte schwer von den riesigen Laubbäumen, die Straße verbarg sich unter uferlosen Pfützen. Das halbe Vorderrad verschwand darin, das Hin-

Beschauliches Dorf

terrad suchte nach Grip – und die ganze Superténéré wäre am liebsten in die Wüste geflohen. Das nächste Dorf sah uns Stunden später. Total verschmiert und glücklich. Die Sonne blitzte, und beim Kaffee mussten wir wieder an diese Träume denken. Überall, auch an den alten, flachen Holzhäusern, entdeckten

Vergangene Pracht

wir Satellitenschüsseln: Wenn abends die Bauern heimkehren, dann haben ihre Kinder und Enkelkinder schon ein paar Stunden MTV hinter sich. Das hat keine Unschuld mehr. Daraus erwächst keine stille Sehnsucht. Wie lange soll das gut gehen? Zurück in Rzeszow, sagte die wunderschöne Frau, sie wolle am liebsten nach Krakow. Oder nach Warschau. Oder noch weiter weg.

Dann kam Lublin. Wir besuchten die Altstadt. Mächtig und stolz am Schlosshügel hochgewachsen. Einst Metropole Galiziens, sein Tor zur Welt. Hier lebten die Händler, die das Korn des fruchtbaren Landes weiterverkauften. Nur selten war Gali-

Es locken immer wieder neue Wege

Orte, noch relativ unberührt

Heiligenverehrung auf dem Lande

zien eigenständig, lange gehörte es zu Österreich-Ungarn. Nach dem Ersten Weltkrieg fiel es an Polen, nach dem Zweiten wurde es geteilt. Der Osten, mit der alten Hauptstadt L'Vov (Lemberg), zählt jetzt zur Ukraine, der Westen rund um Lublin zu Polen. Bis unter das Schloss reichte das »Stettl«, das Wohngebiet der Juden, die hier seit dem 16. Jahrhundert lebten. Viele einfache Leute und einige Reiche. Nicht immer gern gesehen von ihren polnischen Mitbewohnern, oft genug verfolgt von den Russen: Noch im 19. Jahrhundert zogen viele aus Angst vor Pogromen in die Gegend von Lublin. Ihre Kinder ausgerottet von den Deutschen. Vor den Toren der Stadt liegt Majdanek. Für das Grauen reichen meine Worte nicht, aber sagen Zahlen etwas? 350 000 Menschen wurden hier umgebracht. Viele waren russische Kriegsge-

Beistand – auch für Motorradfahrer

fangene, viele kamen aus dem mutigen polnischen Widerstand. Rund 100 000 waren Juden, allein am 3. November 1943

Schnell-Imbiss auf polnisch

brachten die Schergen 18 000 von ihnen um. Kinder, Frauen, Männer. An einem einzigen Tag. Heute leben in Lublin nur noch wenige Juden. Alles strömt durch uns hindurch. Ich will langsam fahren, nur immer langsam weiterfahren. An der Wisla entlang und warten, bis diese Leere endlich verschwindet, die Scham wieder fassbare Dimensionen annimmt. An einem Feldweg halten wir, legen uns unter eine Birke, glotzen in den Himmel. Von hinten naht ein polnischer Bauer, sein Pferd braucht eine Pause, sein kleiner Hund schnüffelt aufgeregt an unserem Motorrad herum. »Dzien dobry«, sagt er freundlich. »Guten Tag.« Dann kriegen wir einen Schnaps

 Land mit Aussichten

Rast nach beschwerlicher Feldarbeit

Immer geradeaus

und er eine Zigarette. Als er sie ausgetreten hat, streicht er um die Yamaha herum, brummt dies und das, nimmt schließlich die Landkarte aus dem Elefantenboy. Sein Finger zeigt auf Sandomierz, seine Augen leuchten: »Gut.« Wir steigen auf, fahren nach Sandomierz an der Wisla. Es geht jetzt wieder.

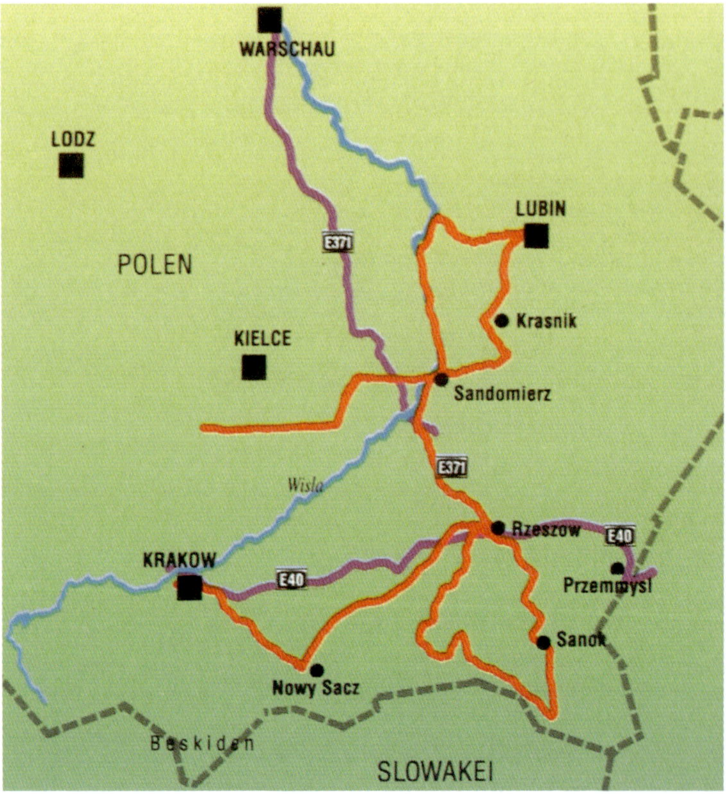

Zeitaufwand: zehn Tage
Gefahrene Strecke: 1200 Kilometer

Anreise:

Der Weg bis Krakow über die Europastraße ist eintönig. Wer Zeit hat, fährt besser von Berlin über Poznan und Lodz in den Südosten, von Süddeutschland bietet sich die Anreise über Österreich und die Slowakei an.

Übernachtung:

In den Karpaten finden sich Privatpensionen, in Krakow oder Lublin gibt es etliche Hotels. In der Hauptsaison empfiehlt sich Voranmeldung. Beim Buchen von Hotels hilft POLORBIS Reiseunternehmen, 50672 Köln, Telefon 02 21/95 15 34 20. Wer zeltet, muss abseits der großen Städte oder in den Bergen oft lange nach einem Campingplatz suchen. Wildes Campen ist streng verboten, aber man kann bei den Bauern um einen Platz nachfragen.

Literatur:

Zur Vorbereitung empfiehlt sich der hervorragend gemachte anders reisen-Band Polen von Ute Frings, Rowohlt Taschenbuch für 24,90 Mark. Wer mehr über jüdisches Leben in Ostpolen erfahren möchte, der beschaffe sich: Alfred Döblin, Reise in Polen, dtv, 29,90 Mark, sowie: Henry W. Katz, Die Fischmanns, Beltz Quadriga, 19,80 Mark. Als Karte taugt Blatt 4 der vierteiligen Polenkarte des RV-Verlags, Maßstab 1:300000, für 14,90 Mark. Weitere Infos gibt es beim Polnischen Informationszentrum für Touristik,
Marburgerstraße 1, 10789 Berlin, Telefon 0 30/2 10 09 20.

ZAUBERBERGE

RIESENGEBIRGE

Brücke über die Elbe bei Spindleruv Mlyn

Der Name täuscht. Das Riesengebirge ist eigentlich eher klein. Aber doch wiederum groß genug, um dort manches Wunder zu erleben.

Der heimliche Herrscher begrüßt mich, sobald ich sein Reich betreten habe. Im böhmischen Rokytnice, am westlichen Rand des Riesengebirges, lächelt mich Rübezahl vom Schild eines kleinen Cafés herab an. Und er verschafft mir sofort das schöne Gefühl, willkommen zu sein an diesem stillen Platz mit seinem alten Rathaus, den spielenden Kindern und ein paar Erwachsenen, die ihre Besorgungen in den kleinen Geschäften ganz offensichtlich nur als Vorwand für einen ausgiebigen Plausch mit den Nachbarn nutzen. Ich schalte noch einen Gang runter, um mir das alles ein wenig zu betrachten, und schon geschieht, was mir auf dieser wundersamen Reise noch oft zustoßen soll: Die BMW wird ganz wie von selbst allmählich langsamer, sucht sich einen Platz zum Ausruhen und bleibt schließlich einfach stehen. Ich steige ab und folge Rübezahls Einladung in das kleine Café.

Ich studiere die Karte mit ihren zungenbrecherischen Anhäufungen von Konsonanten und verfluche meine schlechte Reisevorbereitung. Werkzeug habe ich natürlich dabei, Reifendruck und Ölstand sind überprüft, aber an die tschechischen Worte für »Guten Tag« kann ich mich nicht mehr erinnern. Die Kellnerin nimmt mir es nicht übel. »Was; bitte schön, wünschen Sie zu trinken?« fragt sie mich, und vor lauter Bewunderung für ihren herrlich weichen Akzent und die schöne, altmodisch-höfliche Formulierung muss ich mich erst einen Moment sammeln, bevor ich um Kaffee und Mineralwasser bitten kann. Als die Getränke vor mir stehen, lacht mir von der kleinen Zuckertüte abermals Rübezahl entgegen. Im Stillen danke ich ihm für den freundlichen Empfang.

Er ist eben ein netter Geist – obwohl die Berichte über sein Treiben widersprüchlich sind. So soll er durchaus die eine oder andere Königstochter entführt haben. Auch die arglistige Täuschung hoffnungsfroher Schatzsucher wir ihm zu Last gelegt: Was er ihnen als Gold und Silber in die Taschen steckte, hatte sich am Abend, als die inzwischen aus den Bergen Herabgestiegenen

Tschechischer Waldarbeiter auf seiner Jawa

ihren Fund präsentieren wollten, in Holzspäne oder Kieselsteine verwandelt. Rübezahl hat aber auch, und das rechne ich ihm hoch an, einem unerbittlichen Gerichtsherrn den gerade zum Tode verurteilten Dieb vom Galgen geschnitten. Während der Jurist nurmehr einen dicken Strohwisch auf der Richtstätte baumeln sah, hockten der Delinquent und sein Retter, freche Lieder grölend, im Ratsstübel zu Hirschberg.

Vor allem aber soll der Geist großes Vergnügen daran gehabt haben, mit seinem Schlitten johlend durchs Riesengebirge zu sausen. Heute, denke ich, würde er zu diesem Zweck sicher ein Motorrad benutzen, und deshalb erkläre ich ihn umgehend zu meinem ganz persönlichen Schutzpatron.

Schon wenig später steht er mir zur Seite, als bei einer schwungvollen Kurvenfahrt urplötzlich ein kapitaler Reisebus aus dem

Die kleinen Wege auf die Gipfel sind leider häufig Sackgassen

Auf Nebenstrecken auf Entdeckungsreise

schönen Berlin vor mir auftaucht. Das Ding fährt im Schneckentempo mitten auf der Straße, weil der Fahrer sein Gefährt nicht von herabhängenden Zweigen verkratzen lassen will. Damit nicht genug, hat der Touristenchauffeur kaltblütig das Ablassventil der Bordtoilette geöffnet und hinterlässt nun ein feines Rinnsal, das nicht nur stinkt, sondern auch rutschig ist. Ich verfluche ihn viele tausend Mal, bevor ich bei der nächstbesten Gelegenheit links abbiege und mich von einer Seitenstraße in die Berge entführen lasse.

Der Berg Kotel, dessen Gipfel ich nun ansteuere, ist gut 1400 Meter hoch. Bis auf 1200 Meter Höhe wachsen hier im Riesengebirge die Bäume, und so führt mein Weg die meiste Zeit durch dichten Wald. Um so schöner ist der Ausblick, wenn sich an einer Kehre die Sicht auf die Täler öffnet. Am Horizont erscheinen dann die umliegenden Gipfel, die es irgendwie schaffen, gleichzeitig Respekt und Vertrauen einzuflößen. Sie behüten die zu ihren Füßen ausgebreiteten Wälder, die davor liegenden Wiesen und Äcker, die Dörfer

Zeit für Ausblicke

und Städte der hier lebenden Menschen. Einfach alles, die ganze Gegend strahlt Gastfreundschaft aus. »Dobry den« fällt es mir endlich wieder ein, »Guten Tag« heißt »Dobry den«. In Polen sagt man »Dzien dobry«, und so empfängt mich auch der Zöllner in Jakuszyce, wo ich in den nördlichen und damit polnischen Teil des Riesengebirges überwechsle. Nicht nur so manche Vokabel klingt hier ähnlich wie in der tschechischen Südhälfte, auch im Bild der Dörfer und Städte ist die gemeinsame Geschichte unverkennbar. In früheren Zeiten haben sich die Menschen um Staatsgrenzen wenig geschert, die Machthaber wechselten ohnehin ständig. Seit 1526 regierten die österreichischen Habsburger, doch mussten sie sich Mitte des 18. Jahrhunderts von Schlesien und damit auch von den Nordhängen des Riesengebirges trennen. Bevor es soweit war, hatte der Preußenkönig Friedrich II gleich drei »Schlesische Kriege« gegen die österreichische k.u.k-Monarchie angezettelt, um das Gebiet unter seine Fuchtel zu bringen.

Glas – einer der wichtigsten Industriezweige

Hier herrscht keine Hektik beim Tanken

Freundliche Begegnungen gibt es immer wieder

Wo Rübezahl jetzt wohl steckt?

Er wusste, warum: Schlesien und Böhmen waren zu dieser Zeit weit entwickelt und versprachen den jeweiligen Feudalherrschern reiche Pfründe. Nicht nur Bodenschätze – Kohle sowie kleinere Vorkommen an Gold, Silber und anderen Edelmetallen – gab es zu holen, auch die Arbeitskraft der Menschen war hier schon früh auf eine Art und Weise organisiert, mit der sich viel Geld machen ließ. Im 18. und 19. Jahrhundert geschah dies vor allem in der Textilverarbeitung – zuerst in Heimarbeit, später in regelrechten Industriepalästen, deren nicht mehr ganz so repräsentative Bauten noch heute das Bild mancher Stadt

prägen. Gerhard Hauptmann hat in seinem Drama »Die Weber« darüber berichtet.
Sein Werk über die Auswirkungen der beginnenden Industrialisierung schrieb er im »Haus Wiesenstein« in Jagniatkw. Ich wäre fast an dem einsam stehenden Bau mit der kleinen Gedenktafel vorbeigefahren, wenn mich nicht das Funkeln und Glitzern von Hunderten kleiner Kunstwerke angelockt hätte. Oder war es schon wieder die BMW, die sich ganz von allein für eine Pause entschied?
An seinem etwas improvisierten Verkaufsstand biete mir Verkäufer Kasimir nun wohl die halbe gläserne Produktpalette der »Hütte Julia« an. Als »Josephinenhütte« 1842 gegründet, war sie die letzte in einer weltberühmten Reihe von Glashütten, über die schon seit Mitte des 14. Jahrhunderts urkundliche Zeugnisse existieren. Kasimir ist noch heute stolz auf diese ruhmreiche Tradition, und mit gewinnendem Lächeln preist er mir seine Ware an. So mach zerbrechliches Mitbringsel wird sorgfältig in Papier gewickelt und im Tankrucksack verstaut.
Ich mache mir einige Sorgen um die empfindliche Fracht, denn das Wohlstandsgefälle zwischen Tschechischer Republik und Polen lässt sich nicht zuletzt am Zustand der Straßen ermessen. Aber nachdem ich mich an Schlaglöcher und unbefestigte Seitenstreifen gewöhnt habe, lasse ich es mir schließlich doch noch gut gehen auf den herrlich verschlungenen Wegen. Besonders ein Felsvorsprung, durch den die Straße in einem kleinen,

Liebevoll gepflegtes Heim

niedrigen Tunnel hindurchgebaut wurde, hat es mir angetan: Vor dieser hohlen Gasse, denke ich mit unverhohlener Häme, muss jeder Reisebusfahrer den Rückwärtsgang einlegen. Ich wünsche ihm viel Glück dabei, während mein ungleich wendigeres Gefährt mich zu einer erfrischenden Kurverei durch wunderschöne Täler hinauf in die Höhen der Nordhänge trägt.

Und ausgerechnet hier, wo sich bis heute noch kein Mensch häuslich niedergelassen hat, stoße ich unvermittelt auf die deutlichsten Spuren der Zivilisation. Die Industrie des 20. und die Forstwirtschaft vergangener Jahrhunderte zeigen verheerende Folgen: Schon früh wurden die alten Mischwälder abgeholzt und größtenteils durch Fichten-Monokulturen ersetzt. Saurer Regen, der reichlich fiel an dieser Wetterscheide von ozeanischem und Kontinentalklima, gab der kaum widerstandsfähigen Vegetation dann bereits vor Jahren den Rest. Heute bieten Bergflanken ein Bild der Verwüstung, auf weiten Strecken erin-

Blütenzauber im Rübezahl-Land

nern nur noch ein paar Baumstümpfe an den längst gestorbenen Wald.
Ich betrachte das Desaster am Grenzposten zwischen dem polnischen Przelecz Okraj und dem tschechischen Horn Mála Upa. Ob der junge Soldat, der hier den Schlagbaum bewacht, nur wegen seiner schweren Kalaschnikov die Schultern hängen lässt? Vielleicht schlägt ihm auch die traurige Umgebung aufs Gemüt. Jedenfalls bin ich gar nicht unglücklich, als er mir klar macht, dass der Übergang an dieser Stelle nur Fußgängern gestattet ist. So kann ich schleunigst kehrtmachen und wieder in die Dörfer

Echtes Stilleben

Auch hier könnte Rübezahl hausen

mit ihren liebevoll gepflegten Blumengärten hinabfahren. Etwas weiter östlich dann, in Kralovec, dürfen auch Motorisierte die Grenze passieren.
Jetzt heißt es also wieder »Dobry den!«. Freundlich begrüßen mich ein paar Waldarbeiter und betrachten mit Interesse, aber ohne Respekt mein Motorrad. Sie selbst fahren Jawa und sind unverkennbar stolz auf diese traditionsreiche Marke. Wie auf einer Ausstellung stehen die schönen Stücke vor der Forststation aufgereiht. trotzdem erkennen sie in einer vor allem mit den Vokabeln »brumm, brumm« und »pött. pött« geführten Diskussion den Viertaktantrieb neidlos als eine durchaus vernünftige Alternative an.
Nachdem sie sich mit lautem »Pött, Pött« auf den Weg zur Arbeit gemacht haben, setze auch ich die Reise fort. In einem kleinen Tal südlich des Dorfes Dolni Dvur schaffe ich in einer Stunde kaum ein Dutzend Kilometer. Aber das kenn ich ja inzwischen: Irgendjemand hat diese Gegend verzaubert. Das Motorrad will einfach nicht weiter, und so muss ich immer wieder anhalten, dem magischen Rauschen des kleinen Flusses zuhören und das Lichterspiel der Sonne im herbstlich gefärbten

Abseits der Wege – nur fürs Foto

Laub betrachten. Dann führte der Weg mich auf steiler Anfahrt aus dem Tal heraus, und hinter einem Bergrücken biege ich auf die Straße nach Spindleruv Mlyn. Hier entspringt die Elbe, bis zur Grenze noch »Labe« genannt. Nach »Spindlermüh-

len« kommen die Touristen seit über 100 Jahren, und vor ihnen zogen schon Scharen von Pilgern an die Elbquelle und zur Laurentiuskapelle auf dem nahen Gipfel der Schneekoppe, dem höchsten Berg des Riesengebirges. In einiger Entfernung mache ich Halt und schaue sinnend auf die markante Form seines Gipfels. Irgendwo da oben muss er wohnen, der unberechenbare Rübezahl.

Es wird langsam Abend, und unter den zu dieser Tageszeit schon allgegenwärtigen Geruch

 Fassaden, die Geschichten erzählen

Eine Region strahlt Gastfreundschaft aus

der Kohleöfen mischt sich das weit angenehmere Aroma der Kartoffelfeuer. Auf dem Marktplatz von Vrachlab bleibt ein uralter Mann im derben schwarzen Anzug vor der geparkten BMW stehen und betrachtet sie mit sichtlichem Vergnügen. Er habe früher selbst eine besessen, erzählt er mir. Eine 250er, die am Ende runde 200 000 Kilometer auf dem Tacho hatte. Ich frage mich, wo überall er wohl gewesen ist. Als er mich aus seinen wachen Augen anblinzelt und sich dann, auf einen krummen Stock gestützt, zum Gehen wendet, weht sein langer weißer Bart im Wind. Plötzlich kann ich mir denken, wo der alte Mann mit seinem Motorrad war: Bestimmt ist er auf ihm – johlend? – kreuz und quer durchs Riesengebirge gesaust.

INFO RIESENGEBIRGE

Zeitaufwand:
zirka fünf Tage

Gefahrene Strecke:
zirka 380 Kilometer

Das Riesengebirge bildet auf rund 35 Kilometern Länge die Grenze zwischen Polen und Tschechien und endet im Westen fast in Deutschland. Maximal 20 Kilometer breit, ist es wie geschaffen zum Kreuzen auf immer neu zu entdeckenden Wegen. Wer auch die »kleinen« Sehenswürdigkeiten sucht, wird belohnt.

Seit 1526 gehörte das Gebirge zum Reich der österreichischen Habsburger. Zur gleichen Zeit begann die Zuwanderung deutscher Siedler, vorwiegend Glas- und Waldarbeiter. Nach dem Ersten Weltkrieg wurde der Gebirgskamm zur Staatsgrenze zwischen der Tschechoslowakei und Polen. Das Münchner Abkommen von 1938 verschob die Linie für sieben Jahre nach Süden, die Randgebiete der Tschechoslowakei wurden als »Sudentenland« dem Dritten Reich einverleibt. Spuren der frühen Industrialisierung sind bis heute sichtbar, auch die des Fremdenverkehrs, der hier seit über 100 Jahren existiert.

Anreise:

Den gut 100 Kilometer südöstlich von Dresden gelegenen Gebirgszug erreicht man am schnellsten über die Autobahn Nürnberg-Berlin, von der man bei Dresden auf die A 4 nach Görlitz oder Zittau zur Grenze abzweigt.

Dokumente:

Für die Einreise nach Tschechien genügt der Personalausweis, für Polen braucht man grüne Versicherungskarte und Reisepass, da sonst die unter Umständen zeitaufwendige Ausstellung eines Grenzvisums fällig wird. Der Geldumtausch verläuft allerorten unkompliziert, und die Versorgung mit bleifreiem Benzin bereitet im tschechischen Teil keine, auf der polnischen Seite nur geringe Probleme.

Sehenswert:

Die Marktplätze der kleinen und größeren Städte in der Umgebung des Nationalparks Riesengebirge liegen oft nicht an Durchgangsstraßen und sind fast immer einen Spaziergang wert. In Vrchlab (Hohenelbe) hat die tschechische Verwaltung des Riesengebirgs-Nationalparks ein kleines Museum eingerichtet, das polnische Gegenstück findet man in Jelenia Gora (Hirschberg). Wer scho einmal da ist, sollte auch einen Abstecher zur »Felsenstadt« von Adrspach (Adersbach) machen.

Ob sie wohl von Rübezahl weiß?

Strecke:

Da nahezu alle Straßen in die höheren Lagen, zumindest für Motorisierte, an einem Berggipfel zu Ende gehen, fehlt ein Rundkurs. Dafür bieten die Strecken aber so viel Abwechs-

lung, dass auch auf dem Rückweg noch genug zu entdecken bleibt. Die Unzahl von Kurven – im polnischen Teil mit ein wenig Vorsicht zu genießen – sorgt für bleibenden Fahrspaß.

Übernachtung:

Hotels gibt es reichlich, Reservierung ist daher außerhalb der Saison nicht nötig. Wer in Sachen Komfort nicht allzu anspruchsvoll ist und dafür Wert auf nette Bekanntschaften legt, der sollte nach einem der vielen Familienbetriebe Ausschau halten. Die sind außerdem meist so preisgünstig, dass sich die Suche nach einem Zeltplatz kaum lohnt.

Literatur:

Reiseführer über Polen und die Tschechische Republik, in denen auch das Riesengebirge mehr oder minder ausführlich abgehandelt wird, gibt es zuhauf (Merian, Baedeker). Wer es gründlich mag, kann beispielsweise den zweibändigen Reiseführer *Riesengebirge - Schlesischer Teil* und *Riesengebirge - Böhmischer Teil* aus dem Laumann-Verlag zu Rate ziehen. Sie kosten 24,80 und 28,80 Mark. Als Karte taugt *Polen,* Maßstab 1:300000, Blatt 3 von RV für 14,90 Mark.

EINE GEWALTIGE KULISSE

SLOWAKEI
Bergwelt der Hohen Tatra

Wie aus dem Nichts erhebt sich weithin sichtbar die Bergwelt der Hohen Tatra. Anderswo erschließt sich die Slowakei erst auf den zweiten Blick – dann allerdings um so attraktiver.

Ideales Enduro-Terrain

Ein kilometerweites Überholverbot macht mir zu schaffen. Ernsthaft. Hundertmal hätte ich den altersschwachen Laster passieren können. Mit Tempo 60 zieht er auf der schnurgeraden Strecke seine Bahn, und sonst wo wäre ich schon längst vorbei. Doch ein slowakischer Kellner in Österreich hatte mir gestern erzählt, was ich in seinem Land zu erwarten hätte. Er sprach über interessante Dinge. Von den wilden Bergen im Norden, den stillen Dörfern in den Wäldern, ein wenig über Politik. Und darüber, dass in der Slowakei selbst kleinste Vergehen im Verkehr drastisch bestraft würden.

Zeit also für eine kurze Pause, während der Laster mit einer gewaltigen Dieselfahne zwischen den weitflächigen Weizenfeldern verschwindet, die sich zwischen Nitra und Levice erstrecken. Und für einen Blick auf die Karte. Orientierungslos wandern meine Augen hin und her. Lauter Ortsnamen, die in meinen Ohren wie Zungenbrecher klingen und die sich mir einfach nicht einprägen wollen. Nur das nahe Bratislava ist mir inzwischen ein Begriff, weil der Weg jenseits der Grenze mitten durch die Hauptstadt führte. Und auch mein Ziel steht fest. Die Hohe Tatra, das kleinste Hochgebirge der Welt, das der Länge nach gerade einmal 26 Kilometer misst, und wo dennoch 20 Gipfel über 2500 Meter

hoch aufragen. Der Rest des Landes erscheint mir in diesem Augenblick unglaublich fremd.
Ich fahre noch ein Stück entlang der gut ausgebauten Fernstraße und biege dann auf den schmalen Weg ein, der nach Banská ‹tiavnica führt. Die Landschaft verändert sich. Und auch der Zustand der Straße. Überall klaffen Löcher im Teer, und das Profil der Reifen knirscht auf langen Rollsplitt-Passagen. Die Strecke führt langsam bergauf, passt sich elegant den vielen Hügeln und Tälern des Slowakischen Erzgebirges an und wird schließlich von einem Wald, der steht wie eine undurchdringliche Mauer, verschluckt. Bis nach ‹tiavnické Bane habe ich nur einen Trecker überholt. Und einen Lada passiert, dem ein Hinterrad fehlte. Auf einem Felsstein aufgebockt, parkte er am Straßenrand. Auch in dem

Eine der größten Festungsanlagen – die Zipser Burg

Wann kommt hier ein Zug?

Ort selbst ist auf der Straße kaum jemand unterwegs, ebenso leblos wirken die Häuser. Brüchige Wände aus grauem Beton, darüber schiefe Dächer. Ausgebessert mit einfachen Materialien, die unter einem sozialistischen Regime dann und wann zu haben waren.

Eine Bushaltestelle und ein Kiosk markieren neben der Kirche das Zentrum. Mir ist nach einem Kaffee, und ich darf wählen zwischen Cola, Bier und Schnaps, während ein paar Kinderhände verstohlen über das Plastikkleid der KTM streichen. Es sind neugierige Augen unter wirren Haarschöpfen, schmutzige Beine in kurzen Hosen, und nur einer der beiden Buben hat Schuhe an. Sie merken, dass ich sie beobachtet habe, erschrecken, lachen verlegen und verschwinden hinter einem Baum. Ein strategisch guter Platz, um zu schauen, wie ich reagiere.

Die Straße führt weiter in Richtung Norden bis nach Kremnica. Ein farbenfroher Ort hinter einer dicken mittelalterlichen Stadtmauer, herausgeputzt für Touristen, die durch die Fußgängerzone schlendern oder in der Nähe über den geographischen Mittelpunkt Europas staunen. Mir genügt ein kurzer Stopp, dann folge ich der steilen Stichstraße, die sich hinter der Stadt einen Berg hochwindet. Vor einer Sendestation ist Schluss. Aber beim Wenden entdecke ich eine Piste,

Atemberaubend: Ausblick auf die Hohe Tatra

die zuerst als dünner Strich, dann sogar als gestrichelte Linie auf der Karte verzeichnet ist und die demnach bis Kordiky führt,

Freundlicher Bauer

das tief unten im nächsten Tal liegt. Ich zögere keine Sekunde. Gleich nach dem Einstieg umgibt dichtes Gestrüpp den Weg. Dann wird's steil. Und steinig. Die groben Stollen knirschen über loses Geröll, der Motor muss an einigen Passagen mehr als Bremse denn als Antrieb herhalten. Plötzlich verschwindet der abenteuerliche Pfad für ein kurzes Stück in einem Bach. Das Wasser rauscht an dieser Stelle über moosbewachsene Wackersteine, und ein paar Minuten später klebt feiner Sand auf meinen nassen Stiefeln. Die Piste mausert sich im weiteren Verlauf zu einem flotten Forstweg. Ein Waldarbeiter ist so erstaunt über mein Auftauchen,

Schmuckes Levoca

dass ich erst im Spiegel erkenne, wie er seine Hand hebt, um meinen Gruß zu erwidern.
Vielleicht hätte ich ihn nach der Richtung fragen sollen. Immer öfter zweigen Wege ab, die nicht auf der Karte verzeichnet sind. Und die Namen auf einigen Holzschildern, die vermutlich Wanderern gelten, sind im Maßstab von 1:200 000 ohnehin nicht vermerkt. Ich verlasse mich auf mein Gefühl. Irgendwann wird schon wieder ein Ort oder zumindest ein Haus auftauchen. Gut eine Stunde später lande ich weit abgeschlagen von meinem ursprünglichen Ziel in in Horná Stubna. Kordiky liegt genau auf der anderen Seite des Bergs.
Ganz sicher hätte ich ohne diese Irrfahrt die kleine Strecke von hier bis zur Hauptstraße, die weiter nach Donovaly führt, nicht unter die Räder genommen. Und hätte vermutlich niemals erfahren, was mir entgangen wäre: ein Kurvenwirrwarr, dessen Dramaturgie einem schier den Atem raubt und mich die Enduro wie hypnotisiert bis zur Haftungsgrenze der Reifen über das schmale Asphaltband treiben lässt. Die windige Straßenführung über einen knapp 900 Meter hohen Pass hält locker einem Vergleich mit vielen Trassen in den Alpen stand. Ebenso

das Panorama bei Donovaly. Dort führt die Straße noch ein paar Meter höher in die Berge, und bei einer Skistation reicht der Blick ungehindert über die unzähligen grünen Gipfel der Niederen Tatra. Dahinter reflektieren die nackten Felsen der Hohen Tatra die rot glühenden Strahlen der Sonne, die langsam den Tag beendet. Ein guter Abschluss. Mit dem letzten Licht schaffe ich es noch bis noch bis zum »Nationalpark Kleine Fatra«. Hochhaus-hohe Kalkfelsen flankieren eng den einspurigen Weg und werfen in der Dämmerung bereits das Licht des Scheinwerfers zurück. In Vratná am Fuß des markanten Vel'ky Kriván quartiere ich mich in einem einfachen Zimmer in einer Berghütte ein. Ein muffiger Raum, dessen Einrichtung nur aus einem knarrenden Bett, einem Haken an der Wand und einem museumsreifen Heizlüfter besteht. Unter mir im voll besetzten Gastraum herrscht dicke Luft, die durch einee offene Durchreiche aus der Küche zu mir noch oben dringt. Mit einem Sprachführer in der Hand versuche ich die Speisekarte zu übersetzen, aber die Auswahl beschränkt sich auf Schnitzel und Knödel unter einer pampigen Mehlsoße. Dazu viel Pfeffer und Paprika. Böhmisch-ungarische Küche eben. Deftig und schwer. Und lausig zubereitet. Aber davor hatte mich bereits der Reiseführer gewarnt. Und der Kellner in Österreich. Eine Fahrt durch die Slowakei sei bis auf wenige Ausnahmen nichts für Feinschmecker.

Der Weg am nächsten Morgen führt mich über eine kleine, wenig befahrene Straße nach Lokca und durch eine bezaubernde, ja stille Landschaft.

Typisch: Pferdefuhrwerk auf dem Land

Stille Landschaft

Sanft geschwungene Hügel unter einem grünen Wiesenteppich. Nur ab und an unterbrechen lange Busch- und Baumreihen die weiten Flächen. Bauern lagern ihr Heu in Scheunen mit spitzen, fast bis zum Boden reichenden Dachgiebeln. Dann begleitet mich ein Reiher ein kurzes Stück an einem Fluss ent-

Einladend: typisches Holzhaus

lang, bis er im hohen Schilf vermutlich seinen Nistplatz ansteuert. Vorbei am Orava-Stausee schlängelt sich der Weg schließlich ostwärts in Richtung der nahen polnischen Grenze. Wieder erkenne ich die nackten Flanken der Hohen Tatra, doch von dieser Seite ist mit einem Fahrzeug bis auf einen kleinen Schlenker hinter Trstená keine weitere Annäherung möglich. Die gesamte Region steht unter Naturschutz.

Von einem hochgelegenen Aussichtspunkt blicke ich noch einmal über das Land. Alles verschwimmt im Gegenlicht. Der Stausee, die Hügel und die Felsen, der Wald. Dann stürzt sich die Straße an der Westflanke des Gebirges ein letztes Mal ener-

Und immer wieder Ausblicke

gisch zu Tal und bringt mich auf einer weiten Ebene hinter Liptovsky Mikulás erneut in eine aussichtsreiche Position. Von meinem Standpunkt aus präsentiert sich die Hohe Tatra auf einmal der gesamten Länge nach. Wie aus dem Nichts ragen oberhalb der Baumgrenze die granitenen Gipfel in das Blau des Himmels, am höchsten Punkt, der Gerlachspitze – oder Gerlachovsky stit – immerhin 2655 Meter hoch.
Doch dieses imposante Panorama schwindet, je näher man kommt. Nur eine Straße führt in Halbhöhenlage knapp unterhalb der Baumgrenze an der Südflanke des Gebirges entlang, und der Wald versperrt jede Sicht auf die nackten Felsen. Weitere Abstecher sind – außer per Seilbahn und mit Wanderstiefeln – nicht möglich. Ich halte erst wieder in Tatranská Lomnica direkt vor dem Eingangsportal des »Grand Praha«. Verstaubte Bergromantik der Jahrhundertwende und damals das erste Hotel am Platz für die feine Gesellschaft der österreich-ungarischen Monarchie. Ein livrierter Kellner begleitet mich auf einem ausgetretenen, roten Läufer durch die hohen und dunklen Hallen des mit unzähligen Erkern und Türmchen verzierten Gebäudes. Mein Zimmer ist ein Saal mit einem gewaltigen Kronleuchter an der stuckverzierten Decke. Der blanke Holzboden knirscht unter den Enduro-Stiefeln, drei üppige Plüschsessel gruppieren sich im hinteren Bereich, ein

Bett, in dem locker eine ganze Familie Platz hätte, im vorderen. Der Raum dazwischen würde für eine kleinere Feier reichen, und beim Blick aus dem Fenster wirken die Gipfel der Hohen Tatra wieder zum Greifen nahe. Knapp 100 Mark für eine Nacht sind für solch ein Angebot nicht viel.

Schon kurz nach Sonnenaufgang stehe ich ganz oben. Oder fast ganz oben. Zuerst per Seilbahn zum 1750 Meter hoch gelegenen See Skalnaté pleso, dann in einem Sessellift bis knapp über die 2000-Meter-Marke unterhalb des zweithöchsten Berges der Hohen Tatra, dem Lomnicky stit. Ein befestigter Weg führt über einen steilen Kamm, und zu meinen Füßen erstreckt sich eine Bergwelt, die man von unten nie erahnt hätte. Zwischen den vielen Spitzen Hunderte von Metern tiefe, granitgraue Schluchten und Täler, in denen Gämsen, Luchse und auch Bären ihr Revier haben. Kleine, türkisfarbene Bergseen glitzern in der Sonne, und über die Kanten stürzen sich Wasserfälle, um weit unten als schäumende Wildwasser ihren verzweigten Weg zu suchen. In südwestlicher

Wasser-Begegnungen

Neugierige Kuh, unbeeindruckte Bäuerin

Kontraste: nach sanfter Landschaft unwirtliche Steinwüste

Richtung verschwimmt in der Ferne das Land, durch das ich in den letzten beiden Tagen gefahren bin. An Orten wie diesem kann ich mich stundenlang aufhalten.

Zurück am frühen Nachmittag, rausche ich mit der KTM weiter in Richtung Osten. Zuerst bis nach Zdiar kurz vor der polnischen Grenze. Ein langgestreckter Flecken aus bunt gestrichenen Holzhäusern. Mit kleinen Fenstern, um der Kälte des Winters zu trotzen, und klapprigen Bänken davor, um im Sommer die Sonne zu genießen. Heute ist so ein Tag. Die Alten sitzen und reden, und am liebsten würde auch ich Platz nehmen und den Kindern zuschauen, die auf der Straße spielen, auf der außer mir

lediglich ein Pferdefuhrwerk unterwegs ist.
Dann kehre ich der Hohen Tatra endgültig den Rücken. Das Land wird flach. Hinter dem mittelalterlichen Levoca nur noch fruchtbare Felder und sonst kaum etwas, das den Blick ablenkt. Nach einer Weile nur ein einziger, gut 200 Meter hoher Berg aus Kalkstein, auf dem seit dem 12. Jahrhundert weithin sichtbar die Zipser Burg thront. Erst etwas weiter südlich schwingen sich der Weg und das Land noch einmal zu Höchstform auf. In einem nicht enden wollenden Hin und Her geht´s durch den Nationalpark Slovensky raj, was übersetzt soviel wie »slowakisches Paradies« bedeutet. Ein treffender Name. Durch das offene Visier sauge ich noch viele Kilometer die unzähligen Eindrücke auf, schaue, sobald sich der Wald öffnet, über scharfe Felsen in weite Täler. Irgendwo dort unten haben sich der Hornád und seine Nebenflüsse tief durch das weiche Gestein gefressen, und erst als die Sonne wieder hinter den Hügeln verschwindet, steige ich vom Sattel. Morgen beginnt für mich die Heimreise, und noch weiß ich nicht, wo ich langfahren werde. Bei einem Bier wandern meine Augen wie so oft in den vergangenen Tagen über die Karte, die inzwischen fast nur noch aus diversen losen Blättern besteht. Aber ich fühle mich nicht mehr ganz so orientierungslos wie vor Beginn der Reise. Nur die Namen der Orte sind für mich immer noch Zungenbrecher.

Zeitaufwand:
fünf Tage

Gefahrene Strecke:
zirka 600 Kilometer

Mit Ausnahme der Hohen Tatra, die als Naturschutzgebiet viel eher ein Ziel für Wanderer ist, locken in der Slowakei unzählige attraktive Strecken - nur in Sachen Unterkunft und Gastronomie sollte man nicht zuviel erwarten.

Anreise:

Wer vom Süden Deutschlands zu einer Reise in die Slowakei startet, fährt in Österreich entweder über Linz oder Salzburg in Richtung Wien und überquert kurz vor Bratislava die Grenze. Von Norddeutschland bleibt nur die lange Anreise quer durch die Tschechische Republik via Prag und Brno. Die Hauptstraßen in der Slowakei sind in der Regel gut ausgebaut. Auf kleineren Straßen muss allerdings immer mit Schlaglöchern und Rollsplitt gerechnet werden. Fahrten bei Nacht sollte man daher vermeiden. Uralte Fahrzeuge, die knapp über Schritttempo fahren, oder Pferdefuhrwerke sind ebenfalls keine Seltenheit, und die slowakische Polizei hält bei Verletzungen des Überholverbots oder Überschreitung des Tempolimits besonders bei Fremden gern die Hand auf. Wie in allen osteuropäischen Staaten gilt auch in der Slowakei ein striktes Alkoholverbot am Lenker. Bleifreies Benzin ist inzwischen überall erhältlich.

Reisezeit:

Die Monate Juni (Frühsommer) oder September (Altweibersommer) eignen sich am besten für eine Reise in die Slowakei. Während der Sommerferien zwischen Juli und August werden besonders die Nationalparks der Hohen und Niederen Tatra von Gästen aus Polen und Tschechien stark besucht. Ein

Hotelzimmer ist dann kaum zu bekommen. Wegen der langen und kalten Winter ist von einer Motorrad-Tour zwischen Oktober und April abzuraten.

Übernachten:

Hotels und Pensionen finden sich in allen größeren Städten und in der Nähe der bekannten Nationalparks. Einigermaßen gut schlafen lässt es sich bereits ab 20 Mark. Einfache Zimmer werden auf dem Land fast überall angeboten und sind teilweise noch günstiger. Der Service und die Gastronomie lassen vielerorts jedoch zu wünschen übrig. Die Slowakei verfügt zudem über ein dichtes Netz an Campingplätzen. Eine empfehlenswerte Unterkunft im Nationalpark »Kleine Fatra« ist die rustikale Pension Stárek in Stefanová. Pro Person sind inklusive Frühstück zirka 25 Mark zu zahlen. Lohnend ist auch eine Nacht im stilvollen, aber nostalgisch-verstaubten Ambiente des Grand Praha in Tatranská Lomnica. Das prachtvolle Haus zu Füßen der Hohen Tatra war um die Jahrhundertwende das Refugium für betuchte Herrschaften aus aller Welt. Übernachtung und Frühstück schlagen mit rund 100 Mark für ein Doppelzimmer zu Buche. Das Motorrad sollte allerdings immer und überall gut gesichert abgestellt werden. Wer mag, kann sich auch übers Internet unter www.itis.sk/hotelguide/index_de.html über Hotels und Pensionen informieren.

Wie aus dem Nichts – gewaltige Bergwelt

Literatur:

Das Angebot an Reiseführern über die Slowakei ist überschaubar. Der praktische Marco Polo-Führer *Slowakei* für 14,80 Mark passt in jede Tasche und reicht mit seinen knappen, aber guten Infos und einer Übersichtskarte für den schnellen Überblick. Ausführlicher ist das *Reisehandbuch Slowakei* aus dem Michael Müller-Verlag für 39,80 Mark. Eine gute Karte kommt von Marco Polo: die *Generalkarte Slowakei* im Maßstab 1:200000 für 16,80 Mark.

GANZ HEIMLICH

Morgennebel in den Tälern der Rogaska Slatina

Nur auf Nebenstrecken, kleinsten Sträßchen und Schotterpisten erschließt sich einem der ganz Charme Sloweniens. Und irgendwie scheint einem alles vertraut.

Schotterfreunde wird es ärgern. Die Stichstraße hinauf zum Mangart-Gipfel, einst Sloweniens wildeste Schotterpiste, ist unter einer Asphaltdecke verschunden. Wo vor kurzem noch ein Hinweisschild den Haftungsausschluss verkündete, aber ein Befahren auf eigene Gefahr zuließ, da steht jetzt ein Mauthäuschen in Toilettengröße. Ein junger Mann kassiert mit freundlichem Lächeln Wegzoll.

Sieben Kilometer lang schraubt sich die ehemalige Militärstraße in waghalsiger Streckenführung den Felshang hoch, durchquert ein paar düstere Tunnels und geht bei der Mangart-Hütte in baumloses Gelände über. Fast alle halbe Minute wechselt hier oben die Stimmung. Schnell schweben die Nebelwolken vom Tal herauf, verschlucken ganze Berggipfel, um dann kurz darauf zackige Felsspitzen als steinerne Inseln im Wolkenmeer wieder freizugeben.

In der Mangart-Hütte besorge ich mir eine Tasse Kaffee, wärme mir daran die Hände. Es ist bereits später Nachmittag, als ich zurück am Predil-Pass bin. Vorbei an wie ausgestorben wirkenden Bergdörfern senkt sich die Straße in weiten Schwüngen hinunter bis zur Festung Kluze, einem Verteidigungsbollwerk aus dem 15. Jahrhundert. Wenige Meter vor der Festung überquere ich eine unscheinbare Brücke. Was sich darunter verbirgt, erkennt man nicht sofort. Das Bauwerk ist nur wenige Meter lang, überspannt aber die tiefste Schlucht Sloweniens. Fast siebzig Meter tief hat sich hier die Koritnica wie eine Kreissäge in den Fels gefressen. An einigen Stellen ist der Spalt nur einen einzigen Meter breit.

Kurz darauf taucht Bovec auf. Seit die Soèa als Wildwasserfluss entdeckt wurde, ist in dem Dörfchen ziemlich was los. Vor allem junge Leute versuchen mit Rafting- und Kajaktouren ein paar Mark zu verdienen. Dabei wäre es im Frühjahr 1998 fast vorbei gewesen mit dem kleinen Ort. Ein Erdbeben hatte die ganze Region erschüttert.

Bei Bovec zweigt die Straße ins Trenta-Tal ab, und schlingt sich in wilder Kurvenhatz auf den Vršič-Pass. Und so richtig Spaß

Piran – wohl der schönste Küstenort

machen die restlichen zehn Kilometer des Vrši˘c-Pass bis Kranjska Gora. Doch eine gewisse Vorsicht ist geboten. Die Kehren der Nordrampe sind aus glatten Pflastersteinen zusammengepuzzelt, und der Morgentau sorgt für chronischen Haftungsmangel.

Slowenien will auf Nebenstraßen entdeckt werden – wie die Piste durch das Radovna-Tal. Loser Schotter macht die Fahrt zwar zum Eiertanz, aber das stille Seitental hat schon fast was Meditatives. Am Ende des Tales stoppe ich die Honda auf einem Parkplatz direkt am Eingang zur Vintgar-Schlucht. Dort steigen die kahlen Wände einer engen Felsspalte direkt aus dem Wasser empor, rutschige Holzstege hängen an der Felswand, und mehrmals führen gewagte Holzkonstruktionen über den Fluss.

Wenige Kilometer weiter erreiche ich das Städtchen Bled, am Bleder See. Die Region gilt als das Lugano Sloweniens und ist eine der touristischen Zentren des Landes. Westlich des Sees,

Der Fußweg lohnt: Vintgar-Schlucht bei Bled

über Gorje nach Zatrnik, schlingt sich eine klasse Motorradstrecke hinauf auf die Pokljuka-Hochebene, von der ein einspuriges Sträßchen nach Gorjuše abzweigt. Hier sind noch die typischen alten Holzhäuser zu sehen, bei denen die Dächer durch schichtweises Übereinandernageln von Brettern regendicht gemacht worden sind. In einigen waren bis vor kurzem noch Sennereien eingerichtet.
Etwas weiter südlich stoße ich auf den zweiten großen See Sloweniens, den Bohinjsko Jezero. Obwohl seine Lage zwischen den Bergen des Triglav Nationalparks weit spektakulärer ist als die des Bleder Sees, ist es hier viel ruhiger. Das Gewässer genießt wegen seiner Lage Schutz vor jeglicher Bauwut. Ich tausche die Motorradsitzbank mit einem Stehplatz in der Gondel, die auf den 1535 Meter hohen »Vogel« hinaufschwebt. Erst von hier oben lässt sich die ganze Schönheit der Landschaft erfassen. Ein Stück im Norden ragt die Kuppe des Triglav in den Himmel. Er ist mit 2864 Höhenmeter der höchste Berg im slowenischen Alpenteil. Ostwärts laufen die Julischen Alpen in ein wirres Hügelland aus, und tief unter mir klont sich das Bergpanorama der Julischen

Die Altstadt von Skofja steht unter Denkmalschutz

Alpen im Wasserspiegel des Bohinjsko Jezero.
Bei Bohinjska Bistrica gibt es laut Karte zwei Möglichkeiten, um nach Skofja Loka, eine der ältesten Städte Sloweniens, zu kommen. Ich wähle den längeren Weg über den Sedlo-Pass. Wieder einmal sind einige Kilometer auf weichem Schotter zu bewältigen. Nach der Passhöhe kringelt sich dann eine asphaltierte Straße ins Tal. Bauern, die an den steilen Wiesen eine schweren Stand haben, hängen gerade das Heu auf die »Kozolci«, die Heuharfe, um es vom Wind trocknen zu lassen.

Wenige Kilometer weiter in Zeleznika stehe ich vor einem steinernen Hochofen – ein Relikt aus der Eisenindustrie. Ein älterer Herr versucht mir mit ausschweifenden Handbewegungen etwas zu erzählen. Aber ich verstehe nur soviel, dass das Eisenerz direkt aus den Hügeln beim Dorf geholt und hier zu Stahl gekocht worden war. Und dass es in Kropa, hinter den Hügeln im Norden, ein Schmiedemuseum geben soll.
Ob er auch wusste, dass die Straße dorthin eine traumhafte Motorradstrecke ist? Die Hügelflanken hinüber nach Kropa sind

Urig: Mautstraße zum Mangart

Rast in den Julischen Alpen

so steil, dass den Straßenbauern nur übrigblieb, ein Gewusel an Kurven anzulegen.

Kropa steht tatsächlich für Schmiedehandwerk. Heute produziert zwar nur noch eine kleine Firma, aber die kunstvollen Hoflampen und Fenstergitter überall im Ort zeugen von der einstigen hohen Kunst des Schmiedehandwerks. Im kleinen Dorfmuseum erfährt man, dass geschmiedete Eisennägel der große Verkaufsschlager waren. Von Kropa aus wurden per Pferdekarren tonnenweise Nägel sogar bis Triest und Venedig geliefert.

Entlang der Kamniker Alpen nordöstlich von Skofja Loka mogeln sich einige winzige

Zum Bummeln – ruhige Straßen in Nordslowenien

Sträßchen nach Osten. Mal krallen die Reifen in griffigen Teer, mal wirbeln sie den Staub kiesiger Feldwege auf. Ein kurzer Blick in die Schlucht der Kamniska Bistrica, dann fahre ich den Èrnivec- Pass hinauf, um kurz vor der Passhöhe in einen geschotterten Weg abzubiegen. Dieser führt über die grünen Hochalmen der Velika Planina und endet im Tal der Logarska Dolina.

Logarska Dolina ist eine Sackgasse, an deren Ende ich auf Wanderschuhe umsattle und zum Rinka-Wasserfall hochsteige. Neunzig Meter tief stürzt das Rinnsal in eine ausgewaschene Kuhle, und erzeugt ewige Gischt. Als ich zurückkomme, dämmert es bereits, und es sieht nach Regen aus. Ich lege den Schlafsack unter das Vordach einer einsamen Hütte im Wald, die geschlossen zu sein scheint. Mit zunehmender Dunkelheit kreisen die Gedanken immer mehr um zottelige Braunbären, die es in Slowenien noch geben soll.

Am nächsten Morgen geht über mir plötzlich der Fensterladen auf. Als wäre es vollkommen normal, dass unter seinem Fenster

Die Höhlenburg Predjamski Grad

Traubenlese bei Nova Gorica

ein Fremder im Schlafsack liegt, wünscht mir der Hüttenbesitzer einen guten Morgen und er lädt mich zum Frühstückskaffee ein. Die Einladung kommt mir gerade recht, denn ein nächtlicher Kälteeinbruch hatte die Berge ringsum mit einer zuckrigen Schneeschicht überzogen.

Über Velenje erreiche ich Maribor und lasse mich dann entlang der Drava, dem Hauptfluss des Nordens, weiter nach Osten treiben. Erneut auf kleinsten Wegen und Sträßchen – und jede Abzweigung wird zum Ratespiel. Doch der Fluss dient immer wieder zur Orientierung. In den letzten zwei Tagen ist er mächtig angeschwollen. Es hat unaufhörlich geregnet. Dabei sollte gerade hier mehr Sonne scheinen als anderswo. Denn östlich von Ptuj beginnt eines der besten Weinanbaugebiete des Landes. Bei Ljutomer erinnern mich die Hügel, die von den Weinstockreihen kunstvoll mit grafischen Mustern überzogen sind, unwillkürlich an die Hügel der Toskana. Na ja, wenigstens im Kleinformat.

Plötzlich erschrecke ich. Laute Trommelschläge übertönen den Motor der Honda. Das Schlagen wird lauter und schneller, flacht kurz ab, und beginnt von neuem. Ich stelle erschreckt den Motor ab. Verursacher des Geräusches ist eine Art hölzernes Windrad, das sich direkt über mir dreht. Über eine einfache Mechanik erzeugen Holzschlegel den Krach. Das sei ein »Klopotec«, erklärt mir der Wirt in der Gostisce Jeruzalem. Es solle Vögel von den Weintrauben fernzuhalten.

Der Schlag des »Klopotec« begleitet mich auch durch das Hügelland des Haloze-Gebirges, ein Meer von steilen Buckeln, auf deren Kuppen kleine Bauernhöfe sitzen. Wälder und Maisfelder wechseln sich ab. Die Ernte ist für die Bauern mühsame Handarbeit. Das Gras wird oft noch mit der Sense

Am Cerknisko Jezero, einem periodischen See

Freundlicher Winzer

gemäht, die Maiskolben werden von Hand abgerissen und im Schubkarren nach Hause gefahren. An Holzgestellen hängen sie dann zum Trocknen in der Sonne ganze Scheunenwände leuchten dann in knalligem Gelb.

Der Hügelkamm links des Tales bildet die Grenze zu Kroatien. Die Wachtürme dort sind unbesetzt. Der neuen Grenze, die ja erst seit einigen Jahren besteht, wird wohl nicht viel Bedeutung beigemessen. Gut so, denn der Weg entlang des Macelj-Gebirges, von Kozminsci nach Rogatec, zählt zu den schönsten Gegenden des Landes. Die richtigen Abzweigungen zu nehmen,

Noch verwehrt Nebel den Blick

Herbstboten: getrocknete Maiskolben

ist allerdings wieder ein Glücksspiel. Nach manchem Umweg geht es weiter an der Grenze entlang, hinunter nach Brezice, bis irgendwann Kostanjevica na Krki auftaucht. Kostanjevica na Krki steht für Kunst. Hinter dem kleinen Ort gibt es einen Skulpturenpark - mitten in den grünen Wiesen.

Ich fahre noch ein Stück an der Krka entlang, und biege dann nach Westen ab, um quer durch das Hügelland zum Cerknisko See zu kommen. In Rob ist die Teerdecke zu Ende, die Schotterstrecke steigt kräftig an und verschwindet immer tiefer in dichten Laubwäldern. Hier verfahre ich mich endgültig. Endlich taucht eine Lichtung auf, und nach einer steilen Abfahrt bin ich in einem kleinen Dorf. Ein paar Bauernhäuser, ein paar Hütten, zwei Hunde und eine Bäuerin mit wahrlich stattlichem Umfang. In Krvava Pec sei ich gelandet. Und weil eine Wegbeschreibung mangels Sprachkenntnissen unmöglich ist, ruft sie ihren Sohn. Der holt seine

So macht Motorrad fahren Spaß

grasgrüne wie selbstgebastelt aussehende Fünfziger aus der Hütte und weist mich an, ihm zu folgen. Ich habe Mühe ihm über die Waldwege zu folgen.
Nach wilden Kilometern kreuz und quer durch den Wald, stoßen wir auf einen etwas breiteren Weg, und er deutet mir an, diesem zu folgen. Als ich ihm für seine Hilfe etwas geben will, lehnt er energisch ab, lässt seine Fünfziger im Kies scharren und verschwindet mit Vollgas zwischen den Bäumen.
Die Irrfahrt war nicht so falsch wie ich erst dachte. Es sind nur noch wenige Kilometer bis zum Cerknisko See. Er ist ein periodischer See, hat weder einen dauernden Zufluss, noch einen Abfluss. Sein Wasser versickert im Karstuntergrund. So ist er nur gefüllt, wenn mehr Regen fällt, als durch die Versickerung verschwindet. An einigen Stellen wird im Sommer auf dem trockenen Seegrund sogar Landwirtschaft betrieben. Dass der Untergrund vieler Landesteile so porös ist, hat Slowenien zu einem der höhlenreichsten Länder der Erde gemacht. Die größte dieser Tropfsteinhöhlen, die Postojnska Höhle, liegt ganz in der Nähe. Aber weit spektakulärer ist die weiter südlich gelegene Škočjanske Höhle, eine stellenweise bis zu hundert Meter hohe Spaltenhöhle, die sich hundertsiebzig Meter unter der Erde befindet. Mitten in der Höhle

Vertraute Landschaft in Nordslowenien

spannt sich in fünfundvierzig Metern Höhe eine schmale Brücke über den Höhlenspalt. Und tief unten rauscht ein Fluss, der ab hier für die nächsten vierzig Kilometer unter der Erde verschwindet, um erst im italienischen Triest wieder an die Oberfläche zu kommen.

Auf dem Weg nach Süden ändert sich die Landschaft wieder grundlegend. Der Karst wird zerklüfteter, ist von Steilabbrüchen durchzogen, und es wächst nur noch dorniges Gestrüpp. Wenige Kilometer vor der Küste wirkt die mediterrane Stimmung, die über der Landschaft liegt, immer vertrauter und anziehender. Dann bin ich in Piran. Ich stelle die Honda am Bootshafen ab, setzte mich vor ein Café und konzentriere mich auf das Grollen der Wellen, die ungestüm an die Hafenbefestigung schlagen.

Versteckte Schönheit

Gefahrene Strecke: Zirka 1250 Km
Zeitaufwand: zehn Tage

In Slowenien gibt es noch eine ganze Reihe kleiner Verbindungsstraße ohne Asphaltdecke, die aber in recht gepflegtem Zustand sind und mit jedem Motorrad problemlos befahren werden können. Außerhalb befestigter Straßen gilt ein allgemeines Fahrverbot.

Anreise:

Am einfachsten fährt man ab München auf der A8 bis Salzburg, und auf der österreichischen A10 weiter bis Villach. Die Einreise nach Slowenien klappt entweder über den Wurzen-Pass oder, nach kurzer Fahrt ins italienische Tarvisio, über den Predil-Pass. Die österreichische Autobahnvignette mit zweimonatiger Gültigkeit kostet 12 DM. Für Tauern- und Katschbergtunnel sind noch mal 15 Mark fällig. Mann kann aber die Route ab Radstadt über den Tauern- und den Katschberg-Pass wählen. Wer für die Anreise genügend Zeit hat, fährt über Rosenheim und Kufstein bis Zell am See und überquert die Alpen auf der Großglockner Hochalpenstraße. Von dort geht es über Lienz ins Gailtal und über das Naßfeldjoch zum Predil-Pass.

Übernachten:

Vor allem in den Alpenregionen und im westlichen Slowenien gibt es reichlich Übernachtungsmöglichkeiten. Das Schild "Sobe" weist auf Privatzimmer hin. Privatzimmer und Pensionen kosten inklusive Frühstück ab 30 Mark pro Person. Eine gute Privatadresse im östlichen Slowenien, in Ptuj, einige hundert Meter außerhalb des Ortes: Druzina Krapsa, Maistrova 19, 2250 Ptuj (DZ mit Frühstück ab zirka 30 Mark pro Person). Sehr günstig kann in Berghütten übernachtet werden -ohne Komfort und mit begrenztem Platzangebot. Eine Nacht im Matratzenlager kostet ab 12 Mark. Vereinzelt sind auch Doppelzimmer zu haben (rund 25 Mark, Frühstück geht extra). Eine tolle Aussicht bietet die Berghütte Ticarjev Dom auf dem Vr*iè-Passübergang. Für einen Aufenthalt am Meer empfiehlt sich das Hotel Tartini in Piran: Hotel Giuseppe Tartini, Tartinijev trg 15, 6330 Piran. DZ mit Frühstück während der Hochsaison gibt's für 61 Mark pro Person. Berghütten und Campingplätze haben meist von Mitte April bis Anfang Oktober geöffnet. Weitere Infos gibt es beim Slowenischen Fremdenverkehrsamt, Maximiliansplatz 12a, 80333 München, Telefon, 0 89/2 91 612 02.

Aktivitäten:

In Bovec kann man auf dem Fluß Soèa verschiedenen Rafting-Touren buchen oder Kajaks mieten. Die Saison dauert von April bis Mitte Oktober. Touren können täglich kurzfristig vor Ort gebucht werden. In den Julischen Alpen und im Triglav Nationalpark gibt es gute Wander- und Klettermöglichkeiten. Ein idealer Ausgangspunkt ist die Gegend um den Bohinjsko Jezero (Wocheiner See).

Sehenswert:

Slowenien zählt zu den höhlenreichsten Ländern der Erde. Viele der Tropfsteinhöhlen können besichtigt werden. Die größte ist die Postojnska Jama (Adelsberger Grotten), die

Morgenlicht im Triglav-Nationalpark

spektakulärste die ‹koèjanske Jame. Von den zahlreichen Burgen ist Predjamski Grad am interessantesten. Sie wurde in den riesigen Eingang einer Höhle gebaut. Pferdeliebhaber müssen nach Lipica. Vom dortigen Gestüt kommen die berühmten Lipizzanerpferde. Vorführungen in der hohen Schule des Dressurreitens finden im Sommer am Dienstag, Freitag und Sonntag jeweils um 15 Uhr statt. Während der Nebensaison nur Freitags und Sonntags

Literatur:

Der größte Teil des Reiseführers *Slowenien/Istrien* aus dem Michael Müller-Verlag ist Slowenien gewidmet. Er kostet 36,80 Mark. Platzsparend und für 12,80 Mark am günstigsten ist der handliche Polyglott-Reiseführer *Slowenien.* Sehr detailliert ist der Reiseführer von Egmont Strigl, *Slowenien entdecken - Unterwegs zwischen Alpen und Adria*, 26,80 Mark, Trescher-Verlag. Als Karte empfiehlt sich die RV-Euro-Regionalkarte *Dalmatinische Adriaküste* im Maßstab 1:300 000 für 14,90 Mark. Auch kleine Nebenstraßen lassen sich problemlos finden.

JENSEITS DER DONAU

Beschauliche Momente an der Tisza

Fernab von der Hektik Budapests und den Touristenströmen in der Puzsta präsentiert sich der Osten Ungarns zwischen dem Bükk-Gebirge und der russisch-rumänischen Grenze von seiner ruhigen Seite.

Eigentlich ist Tibor in Eile. Als Fotograf für eine ungarische Tageszeitung soll er Bilder von einer Studentendemonstration in Debrecen schiessen, wo er uns zufällig über den Weg läuft. Doch für einen kurzen Plausch in einem kleinen Café hat er Zeit. Ihm gefällt unsere Suzuki und unsere Idee, den Osten Ungarns zu besuchen. »Die meisten Touristen«, erklärt er, »bleiben in Budapest oder in der Puszta hängen.« Spontan lädt er uns ein, ihn morgen nach Tokai zu begleiten. Er soll dort am Abend ein Open-air-Sinfoniekonzert auf dem Marktplatz fotografieren. Davor will er uns die Stadt zeigen und uns einem seiner Freunde, einem bekannten Künstler, vorstellen.

Am anderen Tag begleiten wir Tibor mit unserem Motorrad in das hübsche Städtchen. Noch ist es ruhig auf dem kleinen Marktplatz, und bis zum Konzert bleiben noch ein paar Stunden Zeit. Gemeinsam spazieren wir durch eine steile Gasse zu der barokken Kirche hoch oben über der Stadt. Nebenan lebt in einem alten Weinbauernhaus Tibors Freund, der Maler Makoldi Sandor. Im Garten hat der Künstler zwischen herbstlich verfärbten Weinreben einige seiner Werke ausgestellt, und neben einer ausgedienten Waschmaschine haust ein riesiges, schwarzes Wildschwein.

Sandor ist von beeindruckender Statur, und auf dem Kopf trägt er eine Mütze, die an jene Rembrandts erinnert. Mit einer fast schon königlichen Gebärde lädt er uns in sein Haus ein. Doch bevor Sandor die Klinke der weißen Tür, die wie eine einfache Küchentür aussieht, niederdrückt, dreht er sich noch einmal zu uns um: »Ihr müsst eure Köpfe einziehen – wer ins Paradies will, muss sich bücken.« Er lächelt und verschwindet in einem finsteren Tunnel. Wir folgen. Angenehme Kühle umfängt uns. Nur langsam gewöhnen sich unsere Augen an das Dunkel des schmalen Gangs. Eine Glühbirne in einer alternden Halterung spendet schwaches Licht. Sandor zündet Kerzen an und verteilt sie auf den Weinfässern, die überall in dem alten Gewölbekeller stehen. Die imposante Gestalt des Künstlers

Reisen, fernab der Hektik

wirft riesengroße Schatten auf die gekrümmten Wände. Dann richtet er sich – soweit es geht – auf und verkündet mit feierlicher Stimme: »Meine Pince – mein Paradies!«

Der Weinkeller, die Pince, wurde bereits im Barockzeitalter tief in den Löss unter dem Haus gegraben. Die Temperatur in dem Raum ist im Sommer und im Winter immer gleich, zirka zwölf Grad. Uralte Rebwurzeln hängen dekorativ von den Wänden herab und liegen auf den Fässern. Dunkler Kellerschimmel überzieht alle Gegenstände in dem Raum braun und samtig. Doch der Schimmel habe eine wichtige Funktion, erklärt Sandor, er reguliere die Luftfeuchtigkeit.

Der Weinkellerbesitzer führt uns bis zu einem großen Fass, taucht ein langes Glasrohr mit einer bauchigen Ausbuchtung in eine kleine Öffnung im Deckel, saugt an und füllt dann unsere Gläser. Der Weinheber heißt »rabló«, was nichts anderes als Räuber

Abendstimmung in der Puszta

bedeutet. Der dem Fass geraubte Wein funkelt im Schein der Kerzen. »Egészégére, zum Wohlsein!« Dann erzählt der Künstler und Weinkenner vom Weinanbau, von der Besonderheit der Aszubeere, der Trockenbeere, die dem Tokajer Aszuwein seinen einzigartigen Geschmack verleiht. Diese Frucht, erfahren wir, kann sich nur in einem langen und warmen Herbst entwickeln. Dann wird sie gesondert gelesen und zu einem teigartigen Brei verarbeitet. Auf drei, vier, fünf oder sechs Butten von diesem Aszubrei wird schließlich ein Fass neuer Wein aufgegossen. Dann ruht der Wein sechs bis sieben Jahre in Eichenfässern tief unter der Erde.

»Aber was treibt euch nach Ostungarn?« Auch Sandor ist über unseren Besuch in diesem Teil des Landes überrascht. Wir erzählen, dass wir vor Budapest nur in Szentendre angehalten hatten, um uns die Keramiken im Museum der Kovàcs Margit anzusehen. Der kleine Künstlerort am Donauknie war jedoch so überlaufen, dass wir bald die Flucht in Richtung Nordosten ergriffen haben und selber überrascht waren, jenseits der Donau plötzlich fast alleine unterwegs zu sein. »Habt ihr Eger gesehen?« fragt Sandor. Oh ja, ein

wirklich schönes Barockstädtchen inmitten weitläufiger Weinberge. Sandor und Tibor nicken zustimmend. Und der Wein, der Egri Bikaver, was soviel wie Stierblut bedeutet, schmecke hervorragend. Sandor läßt wieder Wein aus dem Räuber in unser Glas laufen. »Furmint«, sagt er pathetisch, als würde er uns mit einer berühmten Diva bekanntmachen. Die goldgelbe Flüssigkeit der Furmintrebe schimmert in unseren Gläsern, schmeckt feurig und hat ein fruchtiges Aroma. Der edle Tropfen macht uns die Wangen heiß und beflügelt unser Gespräch.

Das waldreiche Bükk-Gebirge habe uns sehr gefallen. Sandor und Tibor nicken wieder, denn die Ungarn lieben ihre kleinen Berge noch mehr als die weiten Ebenen. Aber am besten gefiel uns das Zemplener Bergland im Norden, nahe der slowakischen Grenze. Eine abgelegene Landschaft mit mächtigen Burgen auf bizarren Vulkankegeln, einsam und fern jeder Hektik, mit liebenswerten Menschen und nicht zuletzt ein idealer Platz zum Motorradfahren. Unterhalb der Burgruine Füzér, wo einst die ungarischen Krönungsinsignien vor den Türken versteckt wurden, hatten wir uns allerdings

0-24
PARTY-ZÓNA
KÁVÉ
DOHÁNYÁRU

Rast an der Tisza

Motorradreisende sind willkommen

Handwerk der Frauen

Auf alten Fähren über den Fluss

verfahren. Plötzlich hörte die Straße vor einem Hof auf. Ein Hund protestierte lautstark, wurde aber von der Bäuerin mit einem solchen Wortschwall bedacht, dass er sich leise und mit hängenden Ohren in eine Scheune zurückzog. Ein stämmiger Bauer mit Baskenmütze schabte gemächlich weiter an seinen Futterrüben, die Frau winkte in unsere Richtung, wir sollten doch näher kommen. Ein paar nette Worte zur Begrüßung, dann saßen wir auch schon in der Küche von Mutter Antonia. Unseren Durst löschte sie mit orangefarbener Limonade aus einer großen Plastikflasche. Anschließend tischte sie frischen Quark auf und schnitt vom riesigen Brotlaib kräftige Scheiben. Sie huschte auf bunten Socken in den Garten hinterm Haus und pflückte frischen Paprika. Schließlich setzte sie sich zufrieden auf einen Schemel nieder und ließ ihre abgearbeiteten Hände im Schoß ruhen. Wir verständigten uns durch viele Gesten und mit Hilfe eines kleinen, längst ergrauten Wörterbuchs. Drei Söhne habe sie,

Ärmlicher Flecken in Ostungarn

Der Reichtum des Landes

Bäuerin erzählt von besseren Zeiten

voller Stolz erzählte sie von Stephan, den sie nach dem ersten ungarischen König benannt hatte, und von Joseph, natürlich, und ... und ..., sie hatte den Namen ihres jüngsten Sohnes in diesem Augenblick vergessen. Tränen kullerten plötzlich über ihre faltigen Wangen. Schon ein halbes Jahr sei er nicht mehr zu Hause gewesen. Der zweite Sohn schaute in die Küche herein, ein großer, schnurrbärtiger Mann. Er ließ unser Motorrad, das unbeaufsichtigt auf der Straße stand, nicht aus den Augen. Wegen der Zigeuner, gab Joseph zu verstehen.

Hochzeitszug durch die Straßen

»Ja, ja, die Zigeuner«, bestätigt Sandor, »die sind bei uns nicht gerade beliebt.« »Aber sie sind freundlich und haben Charme«, protestieren wir und erzählen von einer kleinen Episode, die uns vor ein paar Tagen passiert ist. In einem Dorf nahe Sàrospatak hatten wir ein verfallenes Herrenhaus entdeckt, dessen ursprüngliche Schönheit nur noch zu erahnen war. Ein Autowrack und ein räderloser Kinderwagen rosteten vor dem Gebäude vor sich hin. Wir stellten die Suzuki ab, und spazierten durch die Ruine. Plötzlich kam ein vielleicht siebenjähriger Zigeunerjunge vorbei. Er stellte seinen Schulranzen beiseite, blinzelte in die Sonne und beobachtete uns eine Zeit lang. Dann schulterte er wieder seinen Ranzen, ging zu Anne und verabschiedete sich mit den Worten: »Czòkolom, küss' die Hand, gnädige Frau.«
Sandor erwidert auf meine Erzählung nichts, sondern beschäftigt sich schon wieder mit dem nächsten Weinfass. »Das ist ein Szamorodni, sein herber Geschmack ist mit dem eines Sherry vergleichbar – und dazu eine Karpfensuppe nach Art der Tisza-Fischer«, genieße-

Hölzerne Begegnung am Wegesrand

risch riecht Tibor am Glas, »Karpfengerichte sind hier eine wirkliche Spezialität.« Die Tisza sei neben der Donau der größte Fluss im Land, und in den zahlreichen abgetrennten Flußschleifen, Altwasserarmen, aber auch in den zahlreichen kleinen Seen gebe es noch viele Welse, Karpfen und Zander. »Zumindest so lange, bis sie in den Suppentopf wandern«, fügt er lachend hinzu. »Ja, im Suppentopf beginnt der Ernst des Lebens«, doziert Sandor und leert sein Glas mit einem kräftigen Schluck, »denn

eine richtige Karpfensuppe wird nicht gekocht, sie wird gezaubert.« Natürlich weiß Sandor, wie. Zuerst, erklärt er, würde aus kleineren Fischen und den abgetrennten Köpfen der Karpfen ein kräftiger Sud mit Zwiebeln, Tomaten und Paprikaschoten bereitet. Diese Fischbrühe müsse man mitsamt dem Gemüse durch eine Sieb geben und wieder langsam auf einer kleinen Flamme erhitzen. Schließlich würden dünne Karpfenscheiben, Roggen, Milch, Leber und viel Paprikapulver dazugegeben. Nur ab und zu solle man den Topf drehen oder sanft schaukeln, denn der Fisch müsse schwimmen. »Wenn man dann nach zehn Minuten den Deckel lüftet, schwinden einem die Sinne.« Sandor schließt die Augen und schnalzt laut mit der Zunge. »Seid ihr überhaupt schon an der Tisza gewesen?«

Wir erzählen, dass wir während der letzten Tage grob dem Verlauf des Flusses bis nach Szamtmárcseke gefolgt seien. Aber leider führte keine Straße unmittelbar an den urwüchsigen Ufern der gemächlich fließenden Tisza entlang. Nur ab und an überschauten wir eine Flussschleife. Manchmal hörte die Straße plötzlich auf, und wir ließen uns von einer altertümlichen Fähre an das andere Ufer bringen. Je weiter wir nach Osten bis in die Nähe der rumänischen Grenze kamen, um so einfacher und ursprünglicher wurden Land und Dörfer. Oft waren wir allein unterwegs, nur ab und zu kam uns ein alter Trabbi oder ein

Sich nur vom Fahrspaß treiben lassen

Moskwitsch entgegen. Die meisten Bewohner in den kleinen Dörfern mit ihren uralten Holzkirchen und Mühlen gingen zu Fuß oder fuhren auf Fahrrädern, manchmal saßen sie sogar zu zweit oder zu dritt auf einem altersschwachen Drahtesel. In der kleinen Ortschaft Tákos schauten wir ein paar Frauen über die Schulter, die in Windeseile die wunderbarsten Muster in kleinsten Kreuzstichen auf Deckchen, Kissen und Vorhänge stickten. Sandor nickt, auch ihm gefällt das Gebiet im Osten des Landes zwischen Rumänien und der Ukraine, für ihn ist dort die Seele der ungarischen Volkskunst beheimatet.

»Kommt!« Sandor nimmt einen alten Kronleuchter und winkt uns weiter. Wir hoffen schon, mit einem neuen Weinfass Bekanntschaft zu machen, doch Sandor senkt geheimnisvoll seine Stimme: »Ursprünglich reichte der Keller unter dem Haus nur bis hierher. Aber dann bemerkte ich, dass eine Wand hohl klang.« Nach einem Durchbruch entdeckte der Künstler zu seiner großen Überraschung einen weiteren Gang, den er uns jetzt zeigen will. »Kommt weiter.« Der Gang setzt sich in gleicher Richtung des Kellers fort, verzweigt sich einmal nach links und dann wieder nach rechts. Am Ende des Gangs wischt Sandor mit einer beschwörenden Gebärde den braunen Kellerschimmel von der Wand. Ein Sensenmann, vor etwa fünfhundert Jahren in den Lehm geritzt, wird sichtbar, ein Wesen, das vorne Vogel und am Schwanz ein Fisch ist – eine gehörnte Gottheit. »Seht, hier, die Zahlen 146 lassen auf das Jahr 1460 schließen, zu dieser Zeit hat Johannes Gensfleisch Gutenberg in Mainz die erste Bibel gedruckt.« Dann klopft er mit seinen kräftigen Händen die nächste Wand ab, die auch hohl klingt. Irgendwann, erklärt der Maler, würde er den nächsten Durchbruch wagen und bestimmt etwas Neues entdecken.

Wir steigern uns in jene Begeisterung, die Sandor wohl jedes Mal erfasst, wenn er in seiner Pince seinen Gedanken und Träumen nachhängt. Längst wissen wir nicht mehr, wie viele Gläser edlen Tokajers wir probiert haben. Unsere Gesichter glühen vom Wein und vom Erzählen. Eine angenehme Wohligkeit sitzt in unseren Gliedern. Raum und Zeit sind längst in Vergessenheit geraten. Über Tokaj ist es Nacht geworden. Sterne leuchten, und es riecht würzig nach welkem Laub und der nahen Tisza. Es ist still, nur ein Hund bellt in der Ferne. Wir sind froh, erst morgen wieder aufs Motorrad steigen zu müssen, wir haben uns glücklicherweise in ein Hotelzimmer eingemietet. Tibor blickt auf die Uhr, joi – das Sinfonie-Konzert! Die Fotos! Hastig verabschieden wir uns von Sandor, stolpern durch das Dunkel den holprigen Weg hinab ins Dorf und sehen gerade noch den letzten Musiker den Deckel seines Geigenkastens zuklappen.

Beinahe kostbar: alter Tokajer-Wein

Zeitaufwand:
eine Woche

Gefahrene Strecke:
zirka 600 Kilometer

Neben der Metropole Budapest und der Puszta ist der Osten Ungarns ein weiteres attraktives Reiseziel: Abwechslungsreiche Strecken führen durch kleine Gebirge und durch reizvolle Landschaften, in denen die Zeit stehen geblieben zu sein scheint.

Anreise:

Nach Budapest geht's am besten über die Autobahn von München über Salzburg und Wien. Zur Einreise genügen Personalausweis, Fahrzeugpapiere und die Grüne Versicherungskarte. In Budapest herrscht ein ausgesprochen weltstädtisches Verkehrstreiben, eine Umfahrung ist allerdings umständlich. Bei der Weiterfahrt sollte man die Schnellstraße nach Szolnok meiden. Wesentlich ruhiger und schöner ist die Strecke über Eger und das Bükk-Gebirge.

Reisezeit:

Die Sommer sind wärmer und sonnenreicher als in Mitteleuropa, die Winter dafür um so kälter. Für Tourenfahrer ideal sind die Monate von April bis Oktober, besonders schön der Altweibersommer und die Herbstlaubfärbung im September und Oktober. Ebenso kommen Weinliebhaber in diesen Monaten auf ihre Kosten.

Übernachten:

Unterkünfte sind in Ungarn zahlreich und preiswert, lediglich in den östlichen Grenzgebieten beschränken sie sich auf größere Orte. In ländlichen Mittelklassehotels zahlt man selten mehr als 50 Mark für das Doppelzimmer mit Frühstück. Auf die zahlreichen Campingplätze wird mit blauen Schildern hingewiesen. Weitere Auskünfte: Ungarisches Fremdenverkehrsamt, Berliner Str. 72, 60311 Frankfurt, Telefon 0 69/9 29 11 90, Fax 0 69/92 91 19 18.

Literatur:

Zur Vor- oder Nachbereitung einer Reise nach Ostungarn empfehlen sich zwei Bücher: *Das Tokajer-Buch* von Michael Sailer aus dem Michael Sailer Verlag für 49,90 Mark und *Die Puszta* von Gyula Illés, erschienen im Suhrkamp Verlag für 16,80 Mark. Die Beschreibung des östlichen Teils von Ungarn findet sich nur in allgemeinen Ungarnführern. Als recht ausführlich und praxisgerecht erweist sich der ADAC-Reiseführer *Ungarn* für 19,80 Mark. Relativ neu: Der *HB Bildatlas Euro-Special 18, Ungarn* für 16,80 Mark. Als Landkarte genügt die Shell Euro Karte *Ungarn* im Maßstab 1:300000 für 14,80 Mark. Hier sind auch kleinste befahrbare Straßen aufgezeichnet. Alternativ: Kümmerly und Frey-Karte *Ungarn* für 14,80 Mark.